V. 2679.
A. 3.

THÉORIE

DE LA

MUSIQUE VOCALE.

THÉORIE

DE LA

MUSIQUE VOCALE,

OU

Des dix règles qu'il faut connaître et observer pour bien chanter ou pour apprendre à juger par soi-même du degré de perfection de ceux que l'on entend ;

Par Florido TOMEONI, *professeur de musique.*

Avec des remarques sur la prononciation des langues française et italienne, rédigées par un homme de lettres.

PARIS,

Chez { L'Auteur, boulevard Montmartre, au coin du faubourg Poissonnière, N.º 2.

Charles Pougens, imprimeur-libraire, quai Voltaire, N.º 10.

————————

AN VII.

AVIS.

En attendant qu'on prenne de moyens efficaces pour mettre les sciences et les arts à l'abri
des effets désastreux de la contrefaçon, qui
découragent et ruinent ceux qui les cultivent,
la seule chose que puisse faire un Auteur est
d'implorer la bienveillance du public. On prévient donc les personnes qui désirent se pro-
curer cet ouvrage, le premier dans son genre
qui ait paru sur la musique, que tous les exem-
plaires sont signés de l'Auteur, qui les distri-
bue à son magasin de musique.

TABLE

DES CHAPITRES.

CHAPITRE X.

CHAPITRE XI.

CHAPITRE XII.

CHAPITRE XIII.

OBSERVATIONS

Sur les premiers principes de la

———

OBSERVATIONS

PRÉLIMINAIRES.

Comment trouvez-vous qu'il chante? que pensez-vous de cette voix-là ? Telles sont les questions qu'en France on fait presque toujours à son voisin, qui souvent est fort embarrassé d'y répondre. Il est une infinité de personnes qui ne peuvent, faute de connaissances musicales, porter un jugement raisonnable sur le mérite d'un artiste; mais il est beaucoup de gens qui, avec un discernement fin et un goût exquis, craignent de hasarder leur sentiment et de compromettre leur réputation de connaisseurs. On les voit souvent, cachant

A

avec soin les sensations qu'ils
viennent d'éprouver, demander
par précaution à ceux qui les
entourent, *Eh bien ! comment
trouvez-vous qu'il chante ?* Il y
a des gens pour qui le même
morceau est à-la-fois un chef-
d'œuvre et une pièce informe,
suivant les différentes opinions
des personnes qu'ils rencontrent ; opinions qu'ils ont toujours soin de tâter par cette for-
mule, *Qu'en pensez-vous ?*

Il serait cependant aisé de se
mettre en état de juger par soi-
même, sans dépendre ainsi du
caprice de la mode et d'une
décision étrangère. La nature a
donné à chacun de nous le sentiment du beau ; elle seule peut

dicter nos jugemens, et elle ne trompe jamais celui qui la consulte. Le faux goût est fils de l'erreur : mais la nature est mère de la vérité ; ce n'est qu'en marchant sur ses traces que l'on est sûr de ne point s'égarer.

Cette réflexion m'a fait naître l'idée de composer, sur l'art du chant, un ouvrage concis et méthodique, à l'aide duquel on pût établir de soi-même un jugement sain et solide sur le mérite vrai ou faux d'un chanteur.

Cette idée, mûrie par le tems, s'est développée comme un germe fécond ; et j'ai senti qu'en appuyant mon plan sur quelques principes lumineux et invariables, je rendrais facile l'art de

juger, non-seulement aux personnes qui connaissent et cultivent la musique, mais encore
à celles qui l'aiment sans la savoir, et y puisent une partie de
leurs jouissances.

Avec ce secours, on ne crain-
dra plus, au spectacle ou dans
un concert, d'être interrogé le
premier: on ne s'empressera plus
d'interroger ses voisins, pour
penser d'après ce qu'ils pensent.
A l'exemple de tous les Italiens,
on énoncera son opinion avec
confiance, parce qu'elle sera fon-
dée sur la nature, qui ne change
jamais. On ne vantera plus dans
un cercle ce que l'on aurait dé-
crié dans un autre ; en un mot
on sera en état de rendre compte

aux autres et à soi-même, des motifs pour lesquels on aura éprouvé des sensations douces ou désagréables, et l'on ne sera plus forcé de demander, *Comment trouvez-vous qu'il chante ?*

On est d'abord tenté de croire qu'un ouvrage si nécessaire à l'art musical, doit être fort éten-du ; qu'il exige une étude longue et approfondie, une application continuelle, un travail opiniâ-tre. Mais comme la nature va toujours à son but par la voie la plus courte, un auteur qui l'a prise pour modèle doit imiter sa marche, éviter les détours, éco-nomiser ses richesses, et mêler l'agrément à l'instruction.

Sans doute j'aurais pu, comme

tant d'autres, recueillir dans un in-folio peu de vérités et beaucoup d'erreurs : j'aurais pu me faire des chimères pour avoir le plaisir de les combattre ; me traîner lentement sur des détails oiseux, négliger les tableaux d'ensemble, et doubler l'ennui de ma narration par celui de mes épisodes. Les plus gros livres élémentaires ne sont pas toujours les meilleurs ; on finit souvent par ne rien apprendre dans les ouvrages de longue haleine, tandis qu'au contraire on recueille dans un petit volume une abondante moisson de connaissances utiles. Des principes fixes développés avec concision, se gravent aisément dans la mémoire la plus paresseuse : ils excitent l'attention et la curiosité , parce qu'ils laissent à l'esprit le travail de la digestion. Les préceptes diffus et commentés fatiguent au contraire la mémoire la plus active, et rebutent l'imagination , à laquelle ils ne laissent rien à faire. Convaincu de cette importante vérité , je n'ai rien négligé pour donner à mon plan toute la précision et tout l'intérêt dont il est susceptible. J'ai resserré dans un cadre étroit, un tableau fidelle, où l'art se reconnaîtra trait pour trait. J'ai constamment rejeté l'esprit de système ; et le lecteur attentif verra du premier coup-d'œil que je n'ai appuyé que sur les lois générales de la nature et de l'expérience , les règles qui servent de base à l'art du chant ,

et qui sont absolument indépen-
dantes des premiers principes de
la musique.

Les réflexions éparses dans cet
ouvrage sur les deux écoles, italienne et française, devenaient
indispensables, soit pour servir
de preuves aux règles qu'il con-
tient, soit pour justifier celles
qui existent déjà. On y verra les
raisons de la supériorité des Italiens dans l'art musical, et les
moyens de parvenir à la perfection qu'ils ont acquise dans l'exécution. Mais comme j'écrivais
pour l'art et non pour faire la
critique de quelques artistes, il
se trouvera peut-être des réflexions qui pourront choquer
ces derniers. J'ai cependant évité

l'odieux des personnalités , et si l'on croyait y trouver quelques applications partielles , elles sont aussi loin de mon cœur que de ma pensée ; je n'ai eu d'autre vue que l'amélioration d'un art qui n'est pas porté en France à la même perfection que tous ceux qui s'y trouvent avec lui rassemblés.

Les professeurs me sauront bon gré de leur avoir donné les moyens de faciliter à leurs disciples l'étude d'un art charmant, qui a pourtant ses épines comme tous les autres , et qui demandait sur-tout un tems considérable, qui pourra, à l'aide de ce guide, être abrégé de beaucoup; et les amateurs seront flattés de pouvoir se rendre raison de leur manière de chanter , et profiteront sans doute avec empressement des lumières répandues sur un art qui en avait essentiellement besoin.

THÉORIE

DE LA

MUSIQUE VOCALE.

CHAPITRE PREMIER.

RÈGLE PREMIÈRE.

Sur la manière de former les sons d'après nature.

Les arts n'approchant de la perfection qu'autant qu'ils se rapprochent de la nature, la première règle à observer dans l'art du chant, doit être d'imiter les sons naturels que produisent les oiseaux, le vent, et les cordes tendues.

Pour parvenir à cette imitation, il faut que le son qui sort de la bouche soit posé sur les intervalles que l'on veut parcourir, sans le secours du port de voix ni du *comma*. (On appelle *comma*, en musique, la neuvième partie d'un ton).

Le son naturel doit prendre son origine dans les poumons, et sortir de la bouche sans contracter aucun défaut, soit du nez, soit de la gorge.

La distance qu'il y a des poumons à la bouche, laisse acquérir au son un élan assez considérable pour prolonger la colonne d'air qui doit frapper nos organes, afin de faire éprouver un frémissement plus ou moins sensible à la fibre ou au nerf qui se trouve à l'unisson du son.

Cette assertion ne peut paraître étrange qu'à ceux qui ignorent le résultat d'une expérience faite dans plusieurs académies de l'Europe, et que je crois devoir rapporter.

On laisse entre deux basses ou deux violons accordés à l'unisson, une assez grande distance ; que l'on touche alors sur l'un de ces instru-mens une de ses cordes, on entendra frémir et résonner la même corde de l'instrument éloigné. Ces expériences sont répétées dans les cours d'acous-tique du professeur Charle.

L'application facile de cet exemple nous découvre la cause du plaisir et de l'émotion que nous font éprouver les personnes qui chantent d'après ces principes, c'est-à-dire, qui don-nent les sons d'après nature.

Les sons formés dans la gorge, dans le nez ou dans la tête, n'étant point des sons naturels, ne peuvent faire sur nos organes qu'une impres-sion désagréable. En effet, la courte distance qui règne entre la gorge et la bouche ne laissant pas à la colonne d'air le tems de s'établir, à cause de sa subite explosion, le son de la gorge prend en quelque sorte le caractère d'un cri presque semblable à celui de l'oie ; ce son, donné même avec douceur, blesserait encore nos organes, parce qu'il n'est point naturel, et qu'il ne trouve point de　　à l'unisson. On sent qu'il en doit être de même pour les sons du nez ou de la tête.

Si quelques personnes pouvaient sérieusement objecter que les oies, les corbeaux, les canards et les pigeons sont dans la nature, et que pour les imiter on pourrait aussi chanter de la gorge, du nez et de la tête, on peut leur répondre par les raisons suivantes. Ce ne sont pas les imperfections de la nature que l'on doit s'efforcer d'imiter, et nous devons au contraire les éviter autant qu'il est possible. Or, les cris de l'oie, le croassement du corbeau et du canard et le roucoulement du pigeon, ne sont que des sons imparfaits, et ce serait improprement qu'on donnerait le beau nom de son à la voix de la gorge, du nez et de la téte, qui leur ressemble. Crier , croasser et roucouler, ce n'est pas chanter. Tenons nous en donc aux modèles de perfection que nous offre également la nature, et imitons plutôt les beaux sons et le chant du serin , de la fauvette et du rossignol.

Je me bornerai d'ailleurs à demander à ceux qui font un pareil argument, si , parce que les chardons sont dans la nature, il faudrait, pour en composer des bouquets, renoncer à l'œillet et à la rose.

La voix de téte , lorsqu'elle est plus ou moins appuyée de la poitrine , prend la qualité d'un son , qu'on appelle *fausset* : ces sons , employés avec adresse , produisent des effets très-agréables, sur-tout dans la bouche des hommes, quand la nature les a doués de la plus belle des voix , qui est le *ténore*.

Le peintre occupé à rendre sur son

tableau la prunelle des yeux, ne traîne pas son pinceau sur les contours ; il le fixe immédiatement à la place que doit avoir la partie qu'il veut peindre. C'est sans doute par une suite des rapports naturels qui existent entre la peinture et la musique, que le chanteur italien, fidelle aux sons de la nature, pour donner, par exemple, un son de voix sur *fa*, ne s'y prend pas par une traînée de *commas*, mais le pose subitement sur le ton juste de la note ; c'est ce que les Italiens appellent *mettere la voce*, c'est-à-dire, entonner la note à sa place.

C'est de ce principe fondamental (celui d'entonner immédiatement la note à la place où elle se trouve) que provenaient les effets étonnans que la musique produisait chez les Grecs, le peuple qui fut le plus sévère imitateur de la nature. Ce principe passa de la Grèce en Italie, avec la plupart de ceux contenus dans cet ouvrage, que

que l'on y suit encore plus par habitude, que par raisonnement, plus par tradition que par théorie.

L'école française n'a pas encore adopté ce principe dans toute sa sévérité; il serait à désirer qu'elle suivît enfin cette méthode sur la formation du son, qui doit être générale pour toutes les langues, puisqu'elle est dans la nature.

B

CHAPITRE II.

REGLE II.

Sur la manière de porter la voix.

APRÈS avoir acquis l'habitude de chanter d'après la première règle, il faut s'étudier à porter la voix, en conservant les sons naturels.

Supposons l'intervalle de *sol....
mi*, et prenons le mot *amant :* entonnons *sol* avec la syllabe *a ;* puis avec cette syllabe portons la voix au *mi*, où il faut à l'instant prononcer *mant*.

Exemple :
$$\left\{\begin{array}{l} \text{sol.........mi.} \\ \textit{commas.} \\ \text{a..........mant.} \end{array}\right\}$$

Telle est en Italie la manière de porter la voix : la porter autrement, c'est imiter la convulsion vomitive ; et en ce

cas, le second *son* se trouve étouffé
par l'effort de la poitrine, et l'on crie
si l'on force ses moyens. Voici un
exemple de cette manière vicieuse
de porter la voix.

Exemple : { sol sol...........mi.
a man............ant. }

Cette manière, outre les défauts que
je viens d'indiquer, a celui d'induire
en erreur pour ce qui regarde l'harmonie. En effet, si le *sol* de la basse,
au lieu d'aller à l'*ut*, va au *sol* dièse;
celui qui chante entonnera un *sol*
naturel, tandis que la basse entonnera un *sol* dièse.

Exemple : { sol sol..........mi.
a mant.......ant.
basse sol dièse sol............ }

D'ailleurs ces sons vomitifs n'étant
point du nombre de ceux que la nature nous fait entendre, ne peuvent
produire sur nos organes que des sensations désagréables.

L'école française sur-tout apprend
à porter la voix de cette manière; il

est à désirer qu'en se déterminant à fraterniser avec l'école italienne, elle en adopte aussi les principes.

Il n'y a point, il n'y aura même jamais de règle qui fixe les endroits où il faut porter ou ne pas porter la voix : le bon sens et l'oreille suffisent pour les indiquer. Ces nuances dépendent de l'expression qu'exigent les paroles et la phrase musicale. Voyez *fig.* 1.

CHAPITRE III.

REGLE III.

Manière de faire la petite note, dite appoggiatura.

La fadeur et la mollesse ne convenant ni l'une ni l'autre à l'exécution des beaux-arts, on devrait s'abstenir de la manière ridicule de faire la *petite note*, dont il est ici question, avec trois sons : elle ne doit servir qu'à donner de la grâce au chant, et non à le rendre fade ou languissant ; on doit donc faire l'*appoggiatura* avec deux sons, et c'est la règle que prescrivent le goût et les principes les plus exacts de l'art.

Supposons que sur le mot *volage* on ait à faire ces trois notes, *mi, ut, ut,* avec une *appoggiatura* sur le

B 3

premier *ut* : alongera-t-on le mot
français pour faire sentir la petite
note en disant :

{ mi re ut ut }
{ vo-la-a-ge } ?

Ce serait abuser de l'exactitude du
chant et de la prosodie, et l'effet en
serait ridicule. La petite note ne doit
servir qu'à relever un peu le ton du
premier *ut*, et l'on prononcera comme
s'il y avait

{ mi re ut. }
{ vo-la-ge. } Voyez l'exemple *fig.* 2.

Cet agrément, qui s'adapte ordinairement à la fin de la phrase musicale,
est remplacé souvent par les Italiens
par une inflexion qui ne peut s'acquérir et se démontrer clairement que
par la pratique : elle donne infiniment
de souplesse à la voix, et la langue
française gagnerait beaucoup à l'a-
dopter, d'autant plus qu'elle lui convient parfaitement. Nous avons tâché
d'en donner un exemple à la *fig.* 3.

Un mot composé de deux ou plusieurs syllabes à la fin du vers, ou à la
césure, et même un mot quelconque
se trouve souvent sous deux notes pa-
reilles ; pour éviter l'inconvénient de
la monotonie, on peut se servir alors
avec succès de *l'appoggiatura*, en
élevant la voix d'un ton ou d'un demi-
ton sur la pénultième syllabe ; ce
qu'on appelle *appoggiatura* par-des-
sus, ou bien en baissant la voix d'un
demi-ton, ce qui s'appelle *appoggiatura* par-dessous. Voyez l'exemple
fig. 4. Les compositeurs se donnent
rarement la peine d'écrire ces agrémens de la musique, et c'est presque
toujours à l'intelligence du chanteur
à y suppléer : ces petites nuances dé-
cèlent le goût, et s'acquièrent plus ou
moins vite par l'habitude.

L'*appoggiatura* se place encore à
la fin d'une phrase ou d'une demi-
phrase, lorsque le mot qui la termine
est élidé, comme *amor* pour *amore:*

comme la dernière syllabe *re* n'est pas notée puisqu'on la supprime, l'*appoggiatura* rend la prononciation du mot moins dure. Mais on ne doit pas en user de même lorsque les mots sont entiers, quoiqu'ils n'aient qu'une seule syllabe et une seule note, comme *me, tu, no, so, te.* Voyez l'exemple *fig.* 5.

CHAPITRE IV.

REGLE IV.

De la respiration et de l'aspiration.

L<small>E</small> chant français ne permet point
de respirer au milieu d'un mot ; il
exige même, autant qu'il est possible, de ne respirer qu'à la fin ou
au milieu de la phrase. Si par hasard
on était obligé de suspendre le sens
par la respiration, il faudrait alors
le faire avec beaucoup d'adresse et
d'une manière presque insensible,
afin que l'auditeur ne s'en aperçût
pas.

L'italien, au contraire, prend beaucoup plus de soin de la phrase musicale, qu'il ne met de sévérité dans sa
respiration. C'est pour cela que dans
certaines circonstances il respire

même au milieu d'un mot, sur-tout aux *points d'orgue ;* mais cela n'est que toléré. Quelquefois pour donner plus d'expression à la phrase et enchérir, pour ainsi dire, sur l'intention du compositeur, on se permet en italien une aspiration par *eh* avant le mot, quand il commence par une consonne, ainsi au lieu de *lasciami respirar*, on dit, *eh ! lasciami respirar.* Mais si cette licence est permise, on doit en user cependant avec sobriété, afin de conserver le *rhythme* de la poésie et l'*aplomb* de la phrase musicale. Ces deux objets, les plus essentiels à l'art, sont entièrement négligés en France, jusqu'à présent, dans la poésie, et dans le chant.

Je dois remarquer ici le défaut de quelques chanteurs, qui, sans doute par une inadvertance bien extraordinaire, ajoutent une lettre étrangère au mot qu'ils prononcent : en prononçant *amore*, par exemple, ils disent comme par aspiration, *n'a-more; che vuoi, unh ! che vuoi.* Cette habitude vicieuse dépare leurs talens, et ils doivent s'étudier à s'en corriger. Les langues doivent se prononcer correctement, et l'on a souvent assez de peine à saisir le sens des paroles, sans les défigurer encore par des additions défectueuses.

Un défaut plus essentiel contracté par des amateurs, et même des acteurs et actrices des théâtres français, est celui de contrefaire d'une manière outrée dans leur respiration ou aspiration, les convulsions du hoquet, ou celles des attaques de nerfs. Ils prennent cela pour de l'expression ; mais ce n'en est que *la charge.* Peut-on s'imaginer en effet que des personnages célèbres, des princesses, ou des héros, tels qu'on les représente sur la scène française, s'étudiassent à pleurer à chaque instant comme des enfans, ou à sangloter comme de petites filles ! Si ce genre de déclamation est toléré aujourd'hui en France dans la représentation des drames et des tragédies, par des raisons qu'il ne m'appartient pas de déduire, au moins ces aspirations barbares et déplacées devraient être sévèrement bannies du chant et des représentations lyriques. L'imitation des convulsions vomitives, et des soubresauts du hoquet, ne sont pas assurément de bons moyens pour donner des sons pleins et harmonieux; et ceux qui les prendraient pour de l'expression, auraient de la peine, je crois, à soutenir leur sentiment.

CHAPITRE V.

REGLE V.

Des agrémens et des broderies.

Un agrément est une addition d'une qu plusieurs notes que le chanteur se permet d'ajouter à celles dont le compositeur a formé la mesure, dans l'intention d'embellir la phrase musicale. Ordinairement deux ou trois notes suffisent pour cela ; et l'on doit toujours les employer avec beaucoup de réserve. On doit toujours craindre d'ajouter des notes que le compositeur n'a pas jugé à propos d'écrire ; et d'ailleurs on risque de blesser l'harmonie, ou de contrarier l'expression qu'exigent les paroles. Il faut être très-fort en musique pour en improviser les agrémens ; les virtuoses

plus célébres s'en permettent rarement, et ce n'est jamais qu'après s'y
être long-tems exercées, pour ne pas
s'exposer aux reproches des auteurs
ou à la critique du public.

Autant l'agrément peut contribuer
à embellir le chant, autant la broderie le défigure. On appelle *broderie*
un déluge de sons que le gosier est
obligé de produire souvent dans une
seule mesure. Si chaque vers, dans
quelque langue que ce soit, offre la
possibilité d'y adapter un agrément,
il n'en est pas de même de la broderie, parce que les mots qui peuvent la supporter sont très-rares dans
toutes les langues. Ceux sur lesquels
on peut l'employer avec succès, sont
les mots pleins et sonores, tels que
ramage, volage, gloire, brillant,
plaire, folâtre, tourment ; et en général les broderies employées à propos et avec sobriété, produisent
beaucoup d'effet : mais rien n'est plus

fatigant pour les auditeurs, que d'entendre défigurer chaque phrase de musique par une broderie. La langue italienne les souffre plus volontiers qu'aucune autre; mais l'extrême précision de la langue française s'y refuse, et l'exemple de quelques artistes ne doit pas faire autorité, auprès des personnes de goût et des véritables amateurs des arts. Il serait très-malheureux qu'il eût aussi quelque influence sur les jeunes gens et les personnes du sexe qui s'adonnent à la musique. Les uns et les autres se préserveront de cette manie en se pénétrant bien de l'idée que la nouveauté a pu seule les mettre à la mode, et qu'on sentira bientôt les inconvéniens et le ridicule de cette manière de fredonner. Excepté les broderies, la langue française est susceptible de tous les agrémens et de toutes les richesses du chant italien.

Ici se présente une remarque bien

naturelle, et que je crois nécessaire
à l'art musical. La considération qui
me l'a suggérée est trop importante,
pour ne pas espérer qu'elle sera un
jour sentie en France.

Dans tous les pays de l'Europe où
l'on cultive les arts, on donne la préférence aux musiciens italiens, et on
les y attire à grand frais, pour le théâtre, les concerts, et les écoles natio-
nales. Les Français qui s'adonnent à
la musique vocale ne manquent pas
cependant de dispositions, de belles
voix, de goût et de génie. Qui peut
donc s'opposer au développement de
leurs talens en ce genre, et à la perfection de leur chant ? On ne peut
sans doute en accuser que les anciens
principes de l'école française, qui
n'étant pas fondés sur l'imitation de
la nature et sur l'expérience, comme
l'ont dit et prouvé J. J. Rousseau
et d'Alembert, empêchent l'essor du
génie, et comprime les plus heureuses
dispositions.

dispositions. Rien ne serait cependant plus facile que d'arriver à cette perfection du chant, qui semble réservée exclusivement aux Italiens.

Dans tous les tems la France a enrichi le Louvre des tableaux des plus fameux peintres d'Italie, et elle entretient constamment à Rome de jeunes Français pour s'y perfectionner dans l'art de séduire les yeux : pourquoi celui qui charme les oreilles ne serait-il pas aussi bien traité ? Ne pourrait-on pas faire pour la musique ce que l'on a toujours fait pour la peinture ? Mais pour parvenir plus promptement à ce résultat souhaité, il faudrait employer encore des moyens plus efficaces, et ils sont aisés à saisir. Attirer en France les artistes connus par une réputation répandue dans toute l'Europe ; établir et encourager à Paris l'opéra italien, seraient les plus sensibles. Les plus nécessaires seraient de faire enseigner

C

la musique dans le conservatoire de Paris, selon les principes de l'école de Naples, en y ajoutant des maîtres de langue française et de langue italienne, et d'organiser dans toute la France des écoles publiques de musique. Les cathédrales, qui suppléaient autrefois à ces établissemens, ne subsistant plus, les musiciens deviendront bientôt aussi rares qu'ils étaient nombreux auparavant ; et le conservatoire de Paris ne peut pas en former assez pour alimenter continuellement tous les théâtres. Il faudrait aussi, si cela était possible, créer une école de poésie lyrique et imitative, consacrée particulièrement à l'harmonie et au rhythme. Dire que la langue française n'en est pas susceptible, c'est avoir trop légèrement une opinion bien mesquine de cette langue ; et les ouvrages des grands hommes dont s'honore la France, prouvent le contraire : c'est le génie qui manque quelquefois à celui qui se sert de la langue, et non l'expression à celui qui sait l'employer à propos. Il serait donc possible de parvenir à ce but desiré dans une école spéciale, où l'exemple et les leçons des bons maîtres suppléeraient, en quelque sorte, à la nature, et où l'émulation trouverait un aliment nécessaire à cet esprit créateur, qui se renouvelle si rarement dans l'espace des siècles.

CHAPITRE VI.

REGLE VI.

De la prononciation des langues française et italienne.

Une des occupations les plus suivies chez les anciens, était l'étude de la langue de leur pays ; et on sait jusqu'à quel point ils en poussaient les détails : aussi étaient-ils extrêmement sévères sur la prononciation ; et la dernière marchande d'herbes à Athènes reconnaissait un étranger à un accent bien ou mal placé. Nous ne sommes pas si rigoureux aujourd'hui ; et sans nous embarrasser si l'éloquence et la persuasion y perdent, l'homme le plus habitué à parler en public s'occupe peu de la manière dont il prononce, et croit avoir tout fait lorsqu'il a corrigé sur le papier toutes les fautes de grammaire.

On ne sent pas assez combien cette négligence porte de préjudice à la langue elle - même : et la complaisance du public dans les théâtres et dans la société, l'inadvertance des précepteurs dans les colléges, et le peu de soin des parens dans l'intérieur de leur famille, autorisant cette mauvaise habitude, chaque jour la prononciation se détériore, et la langue fait un pas de plus vers sa décadence.

Combien la musique ne gagnerait-elle pas aussi, si le public, moins indulgent, se déterminait à vouloir entendre les paroles et à exiger des acteurs qu'ils les prononçassent correctement ! Alors les compositeurs de musique, sur-tout ceux qui n'ont point étudié d'après les principes de l'école de Naples, ne chercheraient plus à occuper exclusivement l'attention des spectateurs, en faisant, pour ainsi dire, exécuter un concerto à chaque instrument de l'orchestre , tandis que le pauvre chanteur est obligé de s'égosiller, non pour se faire comprendre du public , mais simplement pour se faire entendre.

L'orchestre lui-même se trouverait beaucoup mieux de ce changement, parce que, forcé de ménager les sons pour laisser entendre l'acteur qui chante, il arriverait à la connaissance la plus complète et à l'exécution la plus parfaite des nuances , qui sont le *clair-obscur* de la musique, et qui jusqu'à présent sont si négligées dans les orchestres des théâtres français.

Il est vrai qu'à Paris on est bien dédommagé de cela lorsqu'on assiste aux grands concerts , où , par la réunion des artistes du premier mérite, on entend exécuter la musique instrumentale avec toute la perfection dont l'art est susceptible ; si l'on pouvait l'obtenir de même pour la musique vocale, les acteurs, non-seulement obtiendraient plus aisément les suffrages du public, qui jouirait davantage de leur talent, mais ils le conserveraient plus longtems ; car les efforts surnaturels qu'exige la méthode française, usent leur voix avant même qu'ils puissent paraître sur le théâtre, et le bruit continuel de l'orchestre les oblige à chanter si fort et si haut, que souvent en peu d'années les organes de leur voix s'altèrent sensiblement, et qu'ils s'exposent ainsi à des accidens graves, tels que la fracture des vaisseaux de la poitrine. C'est une des causes qui rendent les bons chanteurs si rares en ce pays ; il n'y a personne qui ne convienne de cette vérité, et qui n'ait pu en faire souvent la remarque.

La poésie elle-même se ressentirait de cette amélioration dans le chant : la nécessité d'être entendu de tout le monde, rendrait les auteurs plus attentifs dans leurs composi-

tions ; et le public, ennuyé d'entendre
de la prose rimée , si peu favorable à la
bonne musique , pourrait bien aussi
se décider à exiger dans la po 'sie le
rhythme et l'harmonie qui composent
véritablement son essence. Le musicien soignerait davantage la prosodie
et la mélodie dans sa composition ,
et le chanteur donnerait plus d'attention à la prononciation des paroles ,
parce que les fautes de prosodie, ne
pouvant plus être attribuées au poëte,
retomberaient toutes sur lui.

On pourrait citer mille exemples
de ces négligences intolérables dans
la poésie lyrique ; mais un seul suffira
pour en faire sentir le ridicule , et je
me bornerai à ce vers, que la musique, faute de rhythme dans les paroles , force à chanter ainsi :

Quant à la *fé* . . . . . . *netré* discrete.

_ Voyez *fig.* 6.

Rejeter les fautes de mélopée sur la
langue française, c'est ne pas la con-

naître ; convenir qu'elle est susceptible de rhythme , mais dire que cela
est trop difficile à exécuter, c'est
avouer sa paresse ou son peu de talent. Il vaudrait mieux travailler plus
long-tems son ouvrage, que de l'exposer aux yeux du public , rempli
d'imperfections; et nombre d'opéras,
même dans le genre comique , entre
lesquels nous ne citerons que *la Co-*
lonie, abstraction faite du mérite littéraire, prouvent assurément par le
rhythme des paroles que le succès
couronne toujours les efforts en ce
genre.

La prononciation de la langue française, dans le chant, doit être à-peu-
près la même que celle de la déclamation théâtrale. Cet idiome présente
peu de difficultés sur cet article,
et celles qui existent appartiennent
presque toutes au vice de la ponctua-
tion , et aux caprices de l'orthographe. C'est en effet sous ce dernier

rapport, que les difficultés se multi-
plient; et les différens systèmes adop-
tés en France sur cet article, donnant
à chacun la liberté de suivre telle ou
telle méthode, et même de s'en former une particulière, il n'est pas aisé
de donner des règles bien sûres sur la
meilleure. Il faut tâcher de connaître
celles qui sont les plus accréditées et
les plus généralement suivies. L'é-
tude de la grammaire et l'usage suffisent pour la prononciation ordinaire:
celle du musicien doit en général être
pleine, sonore et distincte; il doit appuyer, sur-tout, sur les dernières syllabes masculines, et doubler en général les consonnes sourdes, comme,
am-mant, *un-nir*, *fab-buleux*, *ev-*
ven-nem-ment, etc., et faire également sentir la rime et la prosodie
autant que la musique le lui permet :
mais il faut sur-tout se garder des
mauvaises liaisons et des hiatus; rien
n'est plus désagréable à l'oreille. Il

faut aussi éviter de prononcer entre ses dents, ou de la gorge, et avec affectation. Comment voudrait-on être entendu lorsque l'on mange, pour ainsi dire, les mots ? il n'est pas possible de l'être davantage, lorsqu'on ne les prononce qu'à moitié(1).

Pour donner une idée des positions que doit prendre l'organe de la parole, nous allons indiquer celles que demande la prononciation des cinq voyelles. Comme cet article n'est point destiné à M. Jourdain ou à ses

---

(1) Richer, maître de musique, prononce le français de la manière la plus parfaite : la pureté même de son chant, pourrait servir de modèle ; mais pour conserver en France la trace de ces deux qualités si rares, il faudrait profiter de ses vieux jours et prendre des leçons d'un homme, dont la mode de balbutier au lieu de parler, et de frédonner au lieu de chanter, a éclipsé le vrai mérite.

Que ne puis-je avoir le plaisir de citer mille exemples de ce genre, pour adoucir la pénible tâche que je me suis imposée dans cette juste critique de l'art musical !

semblables , nous espérons que l'on voudra bien ne pas nous prendre pour les descendans de son maître de philosophie.

A. La bouche , pour prononcer *a* , doit être aussi ouverte qu'il est possible sans être ridicule ; on peut prendre pour mesure de son ouverture la circonférence du pouce , en tournant légèrement les extrémités de la bouche du côté des oreilles.

É , ai , è. La bouche, pour prononcer *é*, *è* ou *ai*, doit s'ouvrir un peu plus que pour l'*a*, et ses extrémités se rapprocher par conséquent un peu.

I. Cette lettre demande une ouverture bien moins considérable ; son diamètre doit être à-peu-près celui de l'extrémité du petit doigt , et les coins de la bouche se reculent alors entièrement du côté des oreilles. La prononciation de l'*é* fermé est à-peuprès la même.

O , au. L'ouverture de la bouche ,

pour former ce son, doit être beaucoup plus considérable et presque
arrondie.

U. Pour prononcer cette lettre, les
lèvres doivent se rapprocher et avan-
cer un peu, les coins fermés. Mais
dans toutes ces positions il faut garder un milieu décent, et ne pas outrer
les règles. Il faut bien éviter, sur-
tout, d'ouvrir la bouche du côté du
front et du menton, et d'une manière
ridicule et outrée ; ce sont des grimaces qui ne font pas mieux entendre les paroles, et qui détournent
l'attention du spectateur en excitant
son rire ou son mépris.

On sent, d'après ce que je viens
de dire, que mon intention n'est pas
de faire ici une grammaire. Consultez
et observez ; voilà ce que je vous re-
commande : mais rappelez-vous sur-
tout que la prononciation est au chant
ce que la mesure est à la danse, et
qu'un air dont on n'entend que la

musique fatigue plus que le meilleur concerto de violon n'intéresse. J'engage donc les personnes qui seront jalouses de se perfectionner sur cet article, à prendre un maître de déclamation, et à fréquenter le théâtre français, où, malgré sa décadence, on trouve des acteurs qui prononcent très-bien leur langue, et où le contraste de ceux qui la prononcent mal leur vaudra mieux que toutes mes leçons.

La langue italienne ne présente pas les mêmes difficultés dans la prononciation : son orthographe est simple et ses terminaisons peu variées ; ses mots se prononcent tout entiers. Il n'y a pas de lettre inutile, et par conséquent l'on ne peut se trouver embarrassé sur cet article. Les leçons d'un bon maître d'ailleurs, en y joignant l'observation et la pratique, suffisent pour parvenir à vaincre tous les obstacles que rencontrent ceux

qui n'ont pas naturellement l'accent
italien, et donnent bientôt l'habitude
de cette langue douce, flexible, har-
monieuse, sonore, énergique même,
et la plus riche enfin des langues vi-
vantes.

La position de la bouche, à l'é-
gard des voyelles dont nous avons
parlé plus haut, doit être à-peu-près
la même en italien qu'en français :
on peut cependant donner un peu
plus d'extension à son ouverture, afin
de prononcer plus clairement et plus
fortement les différentes syllabes, qui
ne sont souvent composées que d'une
seule voyelle. Elles doivent être arti-
culées avec force et quelquefois avec
énergie : le chanteur en prendra l'habitude en s'essayant d'abord à prononcer pour une seule lettre une lettre et demie, et quatre pour les lettres
doubles. L'expérience m'a prouvé
l'avantage de cette méthode, et on
n'a pas besoin de la pratiquer long-
tems pour en acquérir l'habitude.

On doit aussi appuyer sur la dernière syllabe et la faire sentir avec force, sur-tout lorsqu'elle est précédée de consonnes moins sonores, de lettres doubles, ou de syllabes longues; comme *rimbomba*, *spietata*, *viltà*, *inumano*, *tremendo*, *affanno*, *ancor'*, *talor'*, etc.

Les étrangers se croient ridicules en suivant cette dernière règle, ce qui leur fait éprouver la plus grande difficulté dans la pratique. Mais en cherchant à vaincre un préjugé qui leur est si défavorable, et en faisant des efforts constans, ils y parviendront aussi facilement que les Italiens qui ont le plus approfondi leur langue; et cette étude n'est pas négligée dans leur pays, comme nous le voyons trop souvent en France.

Je ne m'étendrai pas davantage sur la prononciation des langues; ce serait donner à cet ouvrage une étendue qu'il ne comporte pas. Ce que

que j'ai dit sur les langues française et italienne pourra servir de modèle à l'égard des autres. Je me contenterai d'observer aux personnes qui sont habituées à chanter comme elles parlent, que plus elles croiront avoir une prononciation ridicule et même extravagante par son exagération, plus elles parviendront à plaire et à intéresser en même temps. Cette observation, à peu de chose près, convient également à la déclamation du théâtre et de la tribune.

Il est à désirer de voir enfin les langues en général, et la langue française en particulier, prendre un caractère de stabilité que rien ne puisse détruire ni altérer, et que par le moyen d'un enseignement uniforme, on rende à chaque langue sa pureté, en faisant disparaître les patois ridicules et bizarres en usage dans chaque canton de l'Europe.

Je sais bien que l'usage modifie la

D

manière de rendre ses idées, et que chaque siècle en amenant de nouvelles, a besoin de mots nouveaux pour les exprimer : mais ils doivent s'assujettir aux règles de la grammaire, et l'enrichir sans la faire varier.

Les beaux-arts sur-tout sentent le besoin de cette invariabilité, que désirent tous les gens sensés. Les chefs - d'œuvre des grands hommes vieillissent tous les jours; leurs locutions se perdent, et leur langage sera bientôt inintelligible en grande partie. Un corps savant est à la tête des connaissances humaines en France; que son autorité serve à arrêter le torrent de la mode dont les frivoles extravagances se font ressentir jusque dans les choses qui paraissent les plus étrangères à ses lois, et n'ayons enfin qu'un langage uniforme, comme nous ne devons avoir qu'un même désir, celui de contribuer de tout notre pouvoir à la prospérité de la patrie et au bonheur de ses enfans.

CHAPITRE VII.

REGLE VII.

Des différentes sortes de voix des femmes et des hommes.

LA nature, ennemie de l'uniformité, et par conséquent toujours variée dans ses productions, a réparti iné-galement aux femmes trois sortes de voix, qu'on appelle *contralto*, *mezzo-soprano*, et *soprano*, c'est-à-dire, *bas-dessus*, *demi-dessus*, et *dessus*.

En Italie, avant d'apprendre à chanter aux femmes, on examine at-tentivement quelle sorte de voix elles possèdent. La voix de *contralto* se borne au pénultième *mi* du clavier, dont la dernière touche est *fa* ; mais en descendant elle n'a point de bornes, de même que la voix de *mezzo-so-prano*, qui se borne au dernier *sol* du clavier. Ces deux voix sont fort esti-mées et très-recherchées en Italie ; si l'on en demandait la raison, on pour-rait la trouver dans leur ressemblance avec les sons du *violoncelle*, qui est l'instrument musical le plus touchant et le plus propre à donner de l'expres-sion aux sentimens tendres et doux : d'ailleurs ces voix n'ayant point de sons criards, ne fatiguent jamais l'oreille et ne l'affectent pas désagréa-blement.

La voix de *soprano* n'a, pour ainsi dire, point de bornes fixes; mais lorsqu'on la porte plus haut que le dernier *si* ou *ut* du clavier, les sons deviennent trop aigus, l'oreille est déchirée et cesse de vous entendre, et l'on perd le timbre des sons naturels, qui se trouve dans le *medium* de la voix.

L'école française ne cultive pas

dans les femmes la voix de *bas-des-sus*, ni celle de *demi-dessus*, si ce n'est dans les remplissages et dans les chœurs. C'est souvent une curiosité d'entendre les Françaises, sur-tout celles qui se destinent au théâtre, et à qui la nature a refusé une voix de *dessus*, se tourmenter et s'égo-siller pour attraper les sons aigus : cela vient d'un ancien usage du théâtre français, qui exige des per-sonnes qui se présentent pour s'y faire recevoir, la connaissance du répertoire.

On entend par répertoire, une quantité prodigieuse d'anciens opéras que, grâce à la constance des ama-teurs du théâtre sur ce point, on joue sans cesse depuis un demi-siècle et plus ; mais ces opéras ayant été souvent composés pour des voix ex-traordinaires et peu communes, qui montent extrêmement haut et ne descendent guères, il arrive que les

nouveaux débutans, qui n'ont plus
les mêmes moyens, sont obligés de
faire des efforts excessifs pour arriver
à cette élévation de voix ; et leurs
rôles, auxquels ils ne peuvent même
changer une note, deviennent infiniment pénibles pour eux, et fatigans
pour le public, qui attribue au manque de talent de l'artiste ce qui souvent ne provient que du mauvais em-
ploi de ses moyens.

Les Italiens, qui ne se piquent pas
de la même constance en musique,
n'écoutent ordinairement un opéra
qu'un mois ou deux, et il est très-
rare de voir après ce tems reparaître
le même ouvrage, sur-tout dans la
ville où il a été composé. Il arrive de
là que le compositeur se conforme
aux genres de voix des acteurs qui
doivent représenter l'opéra qu'il met
en musique, et que ceux-ci ayant
toujours de nouvelles études à faire,
se perfectionnent dans leur art, et ne

sont point sujets à remplir des rôles auxquéls leur voix se refuse.

Les hommes reçoivent de la nature quatre sortes de voix, que l'on nomme *basso*, *baritono*, *contralto*, et *tenore*, c'est-à-dire, *basse-taille*, *concordant*, *ténor* ou *taille*, et *haute-contre*.

La voix de *basse-taille* n'a point de bornes déterminées dans les sons bas ; mais elle s'arréte au troisième *ré* du clavier, ou tout au plus un ton plus haut. En Italie et en Allemagne, les *basses-tailles* cherchent à briller dans les sons bas ; mais en France elles s'efforcent de paraître plus hautes qu'elles ne le sont en effet, et elles s'étudient à franchir les bornes que leur a imposées la nature : c'est une suite de la mauvaise méthode adoptée en France pour le chant, et dont les gens de goût et les étudians devraient se corriger.

La voix de *concordant* est ordinalrement un peu voilée et sans timbre décidé, fort peu étendue, et mono-tone. Dans les sons hauts elle se borne au quatrième *fa* du clavier.

La voix de *haute-contre* n'a point d'étendue dans les sons bas ; mais en revanche elle monte jusqu'au quatrième *si* du clavier : ses partisans prétendent que les sons les plus élevés se forment toujours de la poitrine ; mais ils sortent, ou, pour mieux dire, ils se forment réellement dans le go-sier, et sont toujours plus ou moins nasillards. En Italie ces sortes de voix sont chassées des théâtres et bannies des concerts : elles ne sont admises que dans les cathédrales, où les ont reléguées le bon goût et les principes naturels de la musique. Mais en France, où l'on suit encore une toute autre marche, ce sont au contraire les voix chéries. On les admet sur les théâtres, on les recherche dans les concerts ; elles y occupent enfin le premier rang, que l'on accorderait avec plus de justice à la voix de *ténor*.

La voix de *ténor* est la plus étendue, et on ne saurait pas en fixer les bornes : elle est aussi agréable dans les sons bas que dans les sons les plus hauts, où elle emploie le *fausset*. C'est la plus belle voix que l'on puisse avoir, parce qu'elle est la plus naturelle ; et ceux qui la possèdent peuvent se regarder comme des êtres privilégiés de la nature : c'est à elle que l'Italie accorde le rang suprême et la prédilection la plus marquée. En France à peine s'en sert-on dans les chœurs ; elle n'y semble admise que par commisération : il est à désirer pour le bon goût que son sort change bientôt, et qu'elle ne soit pas plus long-tems proscrite et méconnue.

Avant de finir cet article, il ne sera pas inutile, peut-être, pour l'art musical, de rappeler ici une des causes principales qui ont con-

tribué à sa perfection en Italie. C'est
la variation de la musique du même
poëme : il est permis dans ce pays,
il est recommandé de mettre le
même ouvrage plusieurs fois en musique ; et tout le monde sait que
les opéras de Métastase , ainsi que
ceux d'une infinité d'autres poètes,
ont exercé tour-à-tour les plus célèbres compositeurs : éclairés par les
fautes de leurs prédécesseurs, ils s'efforcent de faire mieux ; et l'émulation, animée par cette lutte, tourne
au profit de l'art aussi bien qu'à la
gloire du musicien. C'est en adoptant
cette méthode que la France pourra
espérer d'avoir une musique qui
puisse être goûtée dans tous les pays.

En effet, le compositeur français,
assuré par un vieux préjugé de ne
point trouver de rivaux pour l'ouvrage qu'il a mis une fois en musique, et certain en même tems de
plaire toute sa vie au public s'il par-

vient à réussir une première fois, s'endort souvent sur ses lauriers et finit par se négliger tout-à-fait.

Le public, accoutumé trop souvent à admirer tout ce qui sort de la plume d'un auteur déjà couronné, croira voir éclore autant de chefs-d'œuvre qu'il fera d'ouvrages ; et par égard pour l'auteur, il n'osera pas trouver mauvais ce qui le sera effectivement. Il n'en est pas de même en Italie, où pour la musique le respect ne s'attache pas à la personne, mais au talent ; et il arrive souvent aux plus célèbres compositeurs d'être sifflés sur le même théâtre où ils ont été portés la veille en triomphe. La même chose a lieu à l'égard des plus célèbres chanteurs, si, par distraction ou par d'autres causes, ils s'écartent un moment des vrais principes de leur art.

CHAPITRE VIII.

REGLE VIII.

Des moyens de rendre la voix juste, sonore et flexible.

Le premier point et le plus important pour les chanteurs, étant d'avoir et de conserver la voix juste, c'est ce dont ils doivent s'occuper tous les jours, en l'exerçant d'abord sur les trois gammes. La première les accoutumera à étendre et à filer les sons : la seconde à les lier ensemble, et à les couler, pour ainsi dire, les uns après les autres ; la troisième habituera l'oreille à la justesse des demi-tons en montant et en descendant.

Cet exercice , nécessaire à ceux même qui sont le plus avancés en musique, a cet avantage particulier

pour les commençans, qu'en leur
rendant la voix juste, il la leur rend
encore sonore et flexible, et les habitue, pour ainsi dire, à égaliser le
clavier de la voix. C'est ainsi qu'il est
encore utile et même nécessaire de
solfier souvent, et de s'exercer sur les
mordans et sur les cadences, afin d'y
habituer le gosier.

Si ces exercices paraissent insipides
aux jeunes élèves qui ont toujours le
désir de passer aux difficultés de l'art,
aussitôt qu'ils se croient assez forts,
et qui négligent pour cela les principes qu'ils savent à peine ; nous leur
rappellerons que les plus grands maîtres ont toujours conseillé et suivi
cette méthode, et qu'il vaut mieux
aller moins vite, et faire des progrès
plus certains : d'ailleurs il n'y a personne qui voulût les tenir exclusivement aux principes pendant un tems
bien long, et l'on éprouve plus de
plaisir, après une étude pénible, à se

délasser par quelque morceau de musique vocale, que si l'on avait passé toute la leçon à chanter des ariettes.

La voix étant l'instrument le plus délicat et le plus frêle, et par conséquent le plus susceptible de se détériorer, et même de se perdre entièrement, il est nécessaire d'y donner les soins les plus sérieux ; et comme, par sa nature, beaucoup de choses peuvent lui être nuisibles, je crois nécessaire de les rappeler ici au souvenir des virtuoses qui ont le plus grand intérêt à la conservation de leur voix ; et j'engagerai de même les amateurs à s'abstenir, autant qu'ils le pourront, de tout ce qui est dans le cas de lui porter préjudice.

Les excès dans tous les genres sont ce que l'on doit éviter avec le plus de soin ; il n'y en a aucun qui tôt ou tard ne devienne pernicieux : mais les organes de la voix sont ceux qui s'en ressentent le plus promptement et le plus sensiblement. Chanter vis-à-vis le feu d'une cheminée, ainsi que dans les courans d'air, est aussi dangereux pour la voix. Chanter dans un salon où il y a un tapis, ou trop meublé, ou trop sonore, c'est se fatiguer en pure perte, parce que, comme on ne s'entend pas soi-même, on est entraîné à forcer ses moyens, et l'on chante faux. Il faut également éviter de chanter en plein air, devant une glace, ou une muraille trop rapprochée, ou immédiatement après les repas.

Les personnes enrhumées n'ont pas besoin que je les avertisse de s'abstenir du chant tout le tems qu'elles conservent leur rhume : celles qui sont vraiment jalouses de s'instruire, profiteront de ces momens pour étudier l'harmonie et l'accompagnement, connaissances toujours plus ou moins nécessaires pour bien chanter, et sans lesquelles on fait, comme l'on dit, de la musique en aveugle.

Les noix, les noisettes, les amandes, les artichauts crus, et tous les fruits à pépins, lorsqu'ils ont été séchés au four ou au soleil, sont également contraires à la voix, et la rendent rauque et désagréable.

Je laisse aux physicens à en expliquer la cause.

C'est par les soins que l'on prend dans les commencemens d'une étude, que l'on parvient toujours à la perfectionner : aussi doit-on ménager la voix dès l'enfance ; avant l'âge où elle est formée dans les deux sexes, il est dangereux de la fatiguer par un exercice trop étendu, ou de la faire monter en solfiant à des sons trop aigus. C'est une jeune plante dont on ne connaît point encore la nature ou l'espèce, et qu'il faut se contenter d'arroser chaque jour avec sobriété, afin de la laisser croître et se développer,

lopper, jusqu'au moment où son caractère reconnu indiquera les procédés de culture que l'on devra suivre alors.

En bornant l'étude des enfans au pénultième *mi* du clavier, on obtiendrait le même résultat pour leurs progrès, et l'on ne risquerait point de fatiguer leur poitrine et de leur donner une voix cassée.

Cette attention paraît avoir été fort négligée jusques ici, et la raison en est simple ; la plupart des solféges, sur-tout ceux qui sont gravés, se trouvent composés dans toute l'étendue de la voix de *soprano*, même pour les premiers principes ; et fort peu de maîtres ont la patience d'en écrire de nouveaux qui soient à la portée de leurs élèves.

J'ai composé dernièrement un solfége court, mais suffisant, où j'ai tâché de remédier à cet inconvénient et à bien d'autres. On pourra s'en

E

former une idée, en lisant le discours préliminaire qui le précède, et que j'ai placé à la fin de cet ouvrage.

On y trouvera aussi les observations préliminaires d'une méthode que j'ai composée pour apprendre l'harmonie et l'accompagnement, d'après les principes de l'école de Naples.

Cette attention si délicate pour conserver la voix dans toute sa pureté, doit redoubler encore dans l'âge où la voix des jeunes élèves mue et change souvent de caractère, ou plutôt en prend un déterminé. On doit les faire alors chanter très-rarement, et peut-être même conviendrait-il de leur faire cesser entièrement l'exercice du chant, sur-tout aux garçons : car le changement de voix dans les personnes du sexe, est presque imperceptible ; et en usant seulement de réserve, on peut sans danger continuer à les faire chanter. Les jeunes

gens emploieront plus utilement
cette époque à s'instruire dans l'harmonie et l'accompagnement, et même
dans la composition, dont la connaissance est infiniment utile à un
chanteur , et supplée souvent à sa
mémoire ou à la faiblesse de ses
moyens.

CHAPITRE IX.

REGLE IX.

Des huit genres de musique vocale.

On compte trois genres primitifs dans la musique vocale : le genre sérieux, le comique, et le récitatif. Du genre sérieux il en dérive quatre autres, qu'on appelle genre de *bravoure*, *rondo*, genre *sentimental agité*, et *adagio*. Les quatre autres genres sont, le *comique* ; le *bouffon* ; le *récitatif sérieux*, et le *récitatif comique* ; ce qui fait huit genres, dont chacun se chante d'une manière tout-à-fait différente.

Genre de bravoure.

Le genre de *bravoure* se compose des moyens les plus étendus. Une fierté majestueuse, une noblesse soutenue, une extrême précision, un aplomb marqué le caractérisent. C'est une vaste carrière où le chanteur peut déployer l'étalage de ses facultés, et prodiguer tout le luxe de sa voix.

Rondo.

Le *rondo* exige du goût, de la grâce et de la naïveté : ce n'est qu'en ménageant sa voix que l'on peut en exprimer la délicatesse.

Genre sentimental agité.

Ce genre doit être chanté avec une sensibilité mêlée d'émotion ; il demande plus de débit que de chant ; un enthousiasme sage et mesuré, un abandon circonspect, une passion réservée : en un mot,

« C'est là qu'un beau désordre est un effet de l'art.

Adagio.

L'*adagio* est le genre le plus difficile de la musique, et cependant le moins piquant, à cause de la lenteur

E 3

du rhythme musical presque imperceptible à l'oreille. Ce genre, tant estimé des professeurs et de personnes mélancoliques , exige impérieusement beaucoup d'expression, une parfaite intonation et une prononciation pure, des sons filés et arrondis', un peu de langueur et d'abandon. Ce genre, qu'autrefois on étudiait longtems et qui fesait les délices des théâtres et des concerts, est fort négligé actuellement. Tous les mouvemens lents se chantent à-peu-près comme l'*adagio*.

Genre comique.

Entre le genre sérieux et le genre comique, le bon sens tire une ligne de démarcation sensible à tout le monde. En effet, ces deux genres ne se ressemblent que par l'aplomb et la précision, qualités essentielles et constitutives de l'art musical ; mais si le genre comique est privé des attributs du genre sérieux, il en est dédommagé par la fécondité de ses ressources ; la finesse, la légèreté, l'enjouement, l'ironie, le persiflage, la coquetterie forment son apanage. Son but est de faire sourire les gens d'esprit, et non de provoquer les éclats bruyans du vulgaire.

Voilà pourquoi il est si difficile de fixer les limites où il doit s'arrêter, pour ne pas empiéter sur le genre bouffon, qui lui-même ne doit jamais descendre aux farces triviales, dont les petits esprits se montrent ordinairement si avides.

Genre bouffon.

Le genre bouffon s'approprie toutes les prérogatives du genre comique, mais avec cette mal-adresse ingénieuse qui, en les dénaturant, leur donne quelquefois plus de prix : il débite, du ton le plus sérieux, des contre-sens ridicules, mais propres à faire ressortir avec plus davantage le sens véritable : il comporte de l'emphase, de la liberté, de l'abandon : quelquefois il substitue au chant un ton ironiquement déclamatoire : comme Protée, il prend successivement mille formes différentes, et passe sans scrupule du sublime au burlesque, et de la tristesse à la joie. Ce genre est le pirate de la musique : jargons, patois, proverbes, il met tout à contribution ; et son triomphe est de faire rire, même la bonne compagnie, en conservant la gravité la plus flegmatique.

Récitatif sérieux.

Le récitatif n'exige point de chant ; cette partie, excepté l'intonation de la note, ne demande qu'une simple déclamation des paroles.

Le récitatif sérieux demande un ton noble et majestueux, souvent fier et élevé ; il exige la prononciation la plus soignée, de l'aplomb, mais point de mesure : il ne souffre ni les broderies ni les agrémens ; et l'on doit tout au plus se permettre une légère broderie à la dernière phrase, si les paroles peuvent la supporter.

Récitatif comique.

Le récitatif comique, à l'exception de l'intonation de la note, se débite presque comme si l'on parlait.

Le rhythme et la mélodie étant le premier charme de la musique, et le récitatif en étant dépourvu, rien n'est plus ennuyeux qu'un long récitatif : il en est de même d'un long prélude sur le forte-piano ; il est vrai que la mode s'étant emparée de cet instrument, comme de toute chose, la plupart des sonates ne sont plus que de longs préludes.

J'observerai aussi en passant, que rien n'est plus fatigant pour les auditeurs, au commencement d'un concert , que d'entendre chaque musicien s'accorder et préluder dans un ton différent : cela indispose l'oreille et la prévient défavorablement. Mais revenons à notre sujet.

Les principes invariables que je viens d'établir, sont ceux que professe l'école d'Italie, fidelle aux leçons de la nature. Aussi forme-t-elle des élèves célèbres dans les divers genres que je viens de détailler.

Personne n'ignore qu'il en est sorti des hommes extraordinaires , assez heureux pour les réunir tous au degré de perfection qui rendait Garrick inimitable dans tous les genres de l'art dramatique.

Si ces principes étaient appréciés dans tous les pays , et mis à la place des préjugés qui y dominent, on ne tarderait guères à voir s'écrouler ce vain échafaudage de fausses réputations, qui en imposent à tant d personnes.

Les maîtres et les élèves devraient se déterminer sérieusement à approfondir un art, qui, comme les autres, demande une étude suivie ; ils éviteraient alors ces contre-sens à la mode, que l'on rencontre par-tout dans l'application des paroles ou dans la phrase musicale. Les erreurs et les préjugés doivent disparaître devant le flambeau de la raison ; il en faut toujours revenir à la nature : elle seule ne varie point. Ses lois s'étendent sur tous les arts, qui n'atteignent la perfection qu'en se rapprochant d'elle. Les Grecs, si dociles à sa voix, ne consultaient point d'autre maître pour perfectionner leur musique.

CHAPITRE X.

REGLE X.

Des moyens de se guérir de la peur et du tremblement qu'on éprouve quelquefois en chantant.

Un des plus grands obstacles que les jeunes artistes sur-tout, et la plupart des amateurs aient à vaincre, lorsqu'ils chantent en public ou en société, est la timidité ou la crainte qu'ils éprouvent : lorsque ce sentiment s'empare d'eux, le tremblement les saisit, leur cœur palpite, leurs yeux se troublent, leur imagination s'égare, leur mémoire les abandonne; ils ne voient plus les notes, ils oublient même jusqu'aux premiers principes de la musique, et les connaissances qu'ils y ont acquises s'effacent de leur souvenir, et ne se

présentent à eux que comme un amas
confus et incohérent, qui ne sert
qu'à augmenter encore la gêne et la
contrainte de leur situation.

Il n'est pas aisé de surmonter ces
obstacles, parce qu'ils tiennent aux
préjugés : (on ne palpite, on ne trem-
ble point pour danser bien ou mal,
en public..........) L'habitude
est le meilleur remède qu'on puisse
conseiller en pareille circonstance ;
il est peu de personnes qui n'aient
pas ressenti cet effet, et il faut avoir
un caractère bien décidé, et une har-
diesse, qui n'est pas donnée à tout le
monde, pour se mettre, dès la première fois, au-dessus de ces inconvéniens. Cependant il n'y en a pas de
plus nuisible au talent ; et le meilleur
ouvrage mal lu, comme la plus jolie
ariette chantée en tremblant, paraî-
tront toujours froids et insipides, et
ne feront point d'honneur ni à l'auteur ni à celui qui lui prête sa voix.

Il faut donc se raisonner de bonne heure sur ce défaut si commun, et vaincre, autant qu'il est possible, cette répugnance naturelle, qui n'est réellement qu'une faiblesse mal-entendue, ou bien un amour-propre excessif.

Lorsqu'on se dispose à chanter, soit en public, soit en société, à l'exception des convenances ordinaires, il ne faut s'occuper que de soi-même, c'est-à-dire qu'il ne faut pas faire attention aux remarques que l'auditoire pourra faire, ou fait déjà sur vous, le regarder comme s'il n'y était pas, et chanter comme on le ferait si l'on était tout seul à étudier devant son pupitre. La crainte de ne pas répondre à l'attente du public, vous empêche souvent de la remplir. La vanité, le désir de mieux faire, ne sont que de nouveaux obstacles que l'on se donne; et à moins que l'on ne soit fort exercé, ils nuisent

toujours aux qualités que l'on pos-
sède.

L'on ne doit, au pupitre, s'occuper que de son chant, bannir toutes
les autres idées, et oublier même les
sujets d'affliction ou d'inquiétude
que l'on pourrait avoir d'ailleurs. Le
chanteur ou la chanteuse est un être
passif, qui ne doit chercher qu'à tirer
les sons les plus mélodieux de sa voix,
comme le musicien de son violon, et
qui ne doit ajouter à son instrument,
que les grâces dont il est susceptible,
et le sentiment dont il est lui-même
pourvu.

En suivant cette méthode, et en
supposant que l'on ait étudié la musique, suivant les bons principes, et
avec de bons maîtres, on est sûr d'être
entendu toujours avec plaisir, et de
recevoir des applaudissemens sin-
cères et mérités.

Un amateur, sur-tout, ne devant
pas attacher son existence ou sa répu-

tation à son talent, doit être à-peu-
près indifférent aux critiques, et doit
par conséquent ne pas les craindre.

Le cardinal de Richelieu, qui fai-
sait trembler jusqu'à son maître,
ayant un jour assisté au sermon d'un
prédicateur célèbre de ce tems-là, se
montra fort étonné de ce que celui-ci
n'avait témoigné aucune crainte à son
aspect : A la vérité, répondit le prédicateur, j'ai cru voir un choux rouge
au milieu d'un grand nombre de
blancs ; mais ceux de cette couleur
ne me troublent pas plus que ceux de
l'autre.

Tout en exposant, néanmoins,
des préceptes propres à diminuer le
défaut que je combats, je ne puis me
dissimuler qu'ils seront très-difficiles
à suivre, et qu'on ne peut guère espérer de les voir mettre en pratique,
du moins tant que l'éducation ne sera
pas plus avancée qu'elle ne l'est aujourd'hui. Les personnes, sur-tout,

qui

qui ont plus de sensibilité que de
raison, auront plus de difficultés à
vaincre, pour parvenir à cet aplomb,
que l'esprit même ne donne pas toujours, et que l'on trouve plutôt dans
les personnes à qui le bon sens en
tient lieu : peut-être est-ce une suite
de la froideur de leur caractère ; mais
en ceci, du moins, cette froideur leur
est avantageuse, et peut-être serait-
il à désirer qu'on s'efforçât d'inspirer
le même sang froid à tous ceux à qui
leur vivacité ou leur excès de sensibilité deviennent si souvent nuisibles.
C'est une suite de la perfection que
l'on donnera sans doute à l'éducation,
et ce n'est qu'en s'occupant de cette
partie si essentielle à l'humanité,
qu'on peut espérer de voir un jour la
raison et la sensibilité cultivées également, se prêter un mutuel appui,
et suppléer l'une par l'autre à la légèreté de l'esprit et à la faiblesse du
cœur.

CHAPITRE XI.

Des défauts à éviter dans le chant.

L'UN des soins les plus essentiels d'un chanteur doit être celui de ne pas détonner, *stuonare ;* pour éviter ce défaut, on doit s'abstenir de donner toute la voix sur des syllabes dont la prononciation est ingrate pour le chant ; les lettres *i*, *é*, *u*, exigeant que la bouche soit fermée pour les prononcer, il faut y ménager la voix, car si on la donnait toute entière, on détonnerait forcément en montant. Il faut prendre garde aussi de ne pas faire de broderies ou de passages sur les lettres *u* et *i*, et l'on doit éviter d'y donner un son de voix du nez, sans chercher à s'autoriser là-dessus de l'exemple de quelques virtuoses italiens qui ont ce défaut. Le genre traînant doit être également proscrit, parce que ce genre fatigue et endort. L'aplomb de la phrase musicale fait l'excellence du chant; mais c'est une qualité que donne seule la pratique, et que l'on ne peut acquérir que par une grande habitude. Rien en effet n'est plus difficile à saisir que le vrai mouvement et l'esprit des morceaux que l'on exécute ; ils ont souvent un caractère, une physionomie particulière dont l'expression dépend d'une différence légère dans la vitesse ou la lenteur de l'exécution. C'est sur-tout à cet égard qu'on ne saurait trop consulter l'expérience des maîtres qui ont le vrai sentiment de leur art, et cette justesse de coup-d'œil que donne une étude approfondie, et que le goût perfectionne.

L'école italienne enseigne à faire les *roulades*, les *broderies*, et les *passages* avec des sons *coulés*, ou *coulés marqués*, et de la poitrine de préférence. C'est donc de cette ma-

nière qu'on doit s'étudier à les exécuter. Les personnes qui ont contracté l'habitude de détacher chaque
note de ces passages doivent s'en corriger : les oreilles délicates ne peuvent supporter cette manière de chanter en sautillant, dans les endroits
qui demandent sur-tout d'être adou-
cis et exécutés avec le moelleux, qui
doit caractériser le talent achevé : il
est seulement permis aux voix de *soprano*, ou *mezzo-soprano*, de détacher quelquefois les dernières notes
des *roulades*, sur-tout dans les sons
aigus ; et c'est ce qu'on appelle des
sons piqués.

Rien n'est aussi plus fatigant, que
d'entendre sans cesse un chanteur
employer ce qu'on appelle la *voix de
téte*, qui diffère du *fausset* en ce que
celui-ci doit toujours être plus ou
moins soutenu de la poitrine ; c'est
de là que les personnes qui aspirent
à chanter supérieurement doivent

s'étudier à tirer tous leurs sons ;
mais comme cela est très-fatigant,
trop de personnes sont depuis long-
tems dans l'habitude de *faire sem-
blant de bien chanter :* si cet usage
est excusable dans la bouche d'un
amateur, il est absolument blâma-
ble dans celle d'un professeur, qui
ne doit pas se contenter de savoir les
apparences de son art. Les virtuoses
qui se sont rendus célèbres en Europe, chantent d'une manière si
claire, si précise et si peu embrouil-
lée, que chacun pourrait écrire facilement toutes les notes qui sortent de
leur bouche.

Les nuances, et sur-tout le *piano*
de la musique vocale, ne doivent pas
être les mêmes que ceux de la sym-
phonie et de la musique instrumentale en général, où les nuances peuvent s'augmenter jusqu'au *fortissi-
mo*, et diminuer jusqu'au *pianis-
simo*.

Le *mezzo-forte*, ou le *mezza-voce*, demi-voix, doit être le degré de diminution où s'arrête le chant ; autrement que deviendraient les paroles et la mélodie des sons ? Dans les morceaux d'ensemble, sur-tout, les voix de femmes doivent dominer : car il est physiquement impossible qu'elles puissent diminuer leurs sons autant que les hommes, sur-tout dans les tons élevés.

Cette remarque devenait nécessaire aujourd'hui, où il paraît que des innovations continuelles ne tendent qu'à perpétuer les défauts de la musique italienne.

Il n'est pas donné à tout le monde d'avoir de l'ame et de l'expression dans le chant ; c'est un présent de la nature que l'on ne peut guères se donner par l'étude ; et comme chacun sent différemment les mêmes choses, il arrive quelquefois que l'esprit du chanteur n'est point frappé de cet enthousiasme qui a dicté au compositeur les morceaux que le premier exécute : s'il est donc obligé de suppléer à cette expression, et de la chercher dans les efforts de son imagination, il s'expose à n'en rendre que *la charge*, s'il s'écarte de la naïveté, du naturel et de l'élégance, et s'il renonce aux sons modérés de la voix, pour s'abandonner aux grimaces et aux contorsions de la tête, des bras et du corps, et aux sons criés ou hurlés, qui sont aussi opposés à la véritable harmonie, que le fard aux beautés naturelles.

C'est ce qui arrive souvent aux personnes qui cherchent à imiter quelques artistes ou quelques chanteurs de profession. Dans le chant, comme dans toute autre chose, il ne faut *singer* personne. Il est bien vrai que l'art du chant n'est pas susceptible de plusieurs méthodes, et qu'il n'y en a qu'une de bonne, qui est celle de la nature ; mais chacun doit la suivre d'après ses propres impulsions et les sentimens dont il est affecté. L'imitation dans les arts dégrade celui qui s'y asservit, en lui donnant tous les défauts de son modèle, sans avoir la plupart du tems ses bonnes qualités.

Il ne faut pas non plus rabaisser la musique vocale jusqu'à la déclamation ; lorsqu'elle manque de mélodie, de chant, d'harmonie et de rhythme, elle devient un art de rebut pour tout le monde, ou du moins pour les personnes qui en ont le sentiment. L'abandon de quelques théâtres, où cette méthode domine, est une preuve évidente de cette assertion.

Que l'on déclame donc la tragédie, que l'on parle la comédie, cela du moins est dans la nature ; mais celle de la musique consiste essentiellement dans les beaux sons ; et si, de tous les sons connus,

ceux de la voix sont les plus sus-
ceptibles de perfection, et les plus
capables d'exciter en nous cette émotion délicieuse que fait, pour ainsi
dire, à chaque instant jaillir la nature par tous les moyens dont elle
nous a doués ; si enfin, comme le disent les Italiens, une belle voix est
la principale prérogative de la perfec-
fection musicale,de toutes ces vérités,
que nous avons prouvées dans la première règle de cet ouvrage, il résulte
que l'on doit conserver à la musique
sa prérogative essentielle, la mélodie, et ne pas la dénaturer au point
de rendre ses effets insensibles au
physique comme au moral.

Si, au mépris de ces principes,
on s'avisait encore de répondre, qu'au
théâtre on doit prendre, avant tout,
le ton qui convient au personnage
que l'on représente, il sera facile
de détruire cette objection qui con-
duirait l'acteur à hurler comme un

forcené dans le rôle de Roland le fu-
rieux, ou à crier à tue-tête dans celui
de Médée, etc.

Puisque le chant n'est point réellement l'expression naturelle des sentimens ou des passions, le premier
soin de celui qui l'emploie, par cette
convention tacite entre le spectateur
et le chanteur, qui fait de celui-ci
l'interprète des personnages, par une
suite de cette même convention, son
premier soin, dis-je, doit être de bien
chanter, et plus son exécution sera
parfaite, plus l'illusion sera complète;
elle finira même par faire oublier au
spectateur, que ce langage mesuré
n'est pas réellement celui dont se ser-
vaient les personnages qui paraissent
à ses yeux. Il y en a d'ailleurs dont
il serait impossible de prendre le ton,
en suivant le paradoxe dont je viens
de parler. En effet, comment remplir
les rôles de valet, de soubrette, de
paysan, dont le théâtre ne peut offrir

le langage ordinaire sans choquer
toutes les convenances? C'est au compositeur à saisir l'esprit et le caractère du héros ou du berger qu'il fait
chanter, et l'acteur doit s'étudier
à bien rendre la mélodie de son rôle,
comme à imiter parfaitement son
personnage, par le jeu, le costume et
le maintien.

Que l'on cesse donc d'avilir son
art, en le dénaturant. Il est assez fécond pour fournir au chanteur, qui
le possédera parfaitement, toutes les
ressources nécessaires pour varier ses
inflexions et son chant, d'après le
caractère de son rôle ; et les huit différens genres dont nous avons donné
les règles au chap. IX, lui offrent
tous les moyens de choisir celui qui
lui est convenable. C'est en saisissant
bien leurs nuances, et en joignant à
cette connaissance une exécution
satisfaisante, qu'il est sûr de recueillir de tout le monde les applaudisse-

mens mérités , que l'on ne donne en
Italie qu'à ceux qui suivent exactement ces règles et ces principes.

D'ailleurs il est fort différent de
chanter en professeur et en artiste ,
ou de chanter simplement comme
amateur : les premiers doivent s'habituer à bien chanter en chantant
fort, afin de pouvoir se faire entendre
dans les concerts et sur le théâtre.
Les amateurs, au contraire, peuvent
bien chanter sans chanter fort ; mais
il faut alors qu'ils prennent garde de
passer subitement à cette manière ,
car ils risquent de perdre les moyens
qu'ils ont déjà acquis : ce n'est pas
en quinze jours que l'on peut apprendre à chanter fort sans crier ou sans
détonner.

Les virtuoses italiens ont à cet
égard une méthode qu'il ne sera pas
inutile de faire connaître : un chanteur choisit quelques personnes en
qui il peut avoir confiance, et les place

à différentes distances de l'endroit où
il chante : quand les plus éloignées
n'entendent pas distinctement les paroles qu'il prononce, elles l'en pré-
viennent, et il recommence jusqu'à
ce qu'il parvienne à porter les sons
à la distance où elles se trouvent. Il
en agit de même pour les phrases musicales, lorsqu'il ne les a pas rendues
d'une manière claire et intelligible.

Avant de finir cet article, je crois
utile de donner quelques règles sur
les concerts de société, qui sont fort
en vogue aujourd'hui, et qui sont
cependant assez mal ordonnés en
général. Pour les rendre agréables,
il n'y aurait qu'à prendre pour modèle les concerts publics ou d'abon-
nement, que l'on donne par-tout
avec un soin et un ensemble qui les
font goûter de tous les artistes et des
vrais amateurs ; mais sans se donner
la peine et les soins qu'exige un plaisir
destiné au public, il faut autant qu'on

peut, remplir au moins les conditions suivantes.

1.º S'assurer d'avance d'un nombre suffisant d'artistes et d'amateurs de bonne volonté : ceux qui ne chantent que par complaisance pour la société, lui font toujours perdre un tems précieux en se faisant prier long-tems.

2.º Faire avec soin le programme des morceaux que l'on veut exécuter, et ne pas s'en écarter, sans quelque motif valable.

3.º Faire répéter, autant qu'il est possible, les morceaux que l'on a choisis, et sur-tout les morceaux d'ensemble.

4.º Fixer irrévocablement l'heure du concert. Ceux qui ont un véritable goût pour la musique auront toujours soin d'arriver pour le commencement.

5.º Faire copier les parties séparées des différens morceaux, pour chaque instrument que l'on doit avoir, et

tâcher de réunir, au moins, les quatre principaux. Le *piano* est presque
le seul instrument de tous les concerts actuels ; mais à la longue, il
fatigue les auditeurs et les ennuie
par sa monotonie. La variété est le
premier principe du plaisir ; c'est
aussi pour cela qu'il ne faut pas prolonger le concert au-delà de deux
heures ou deux heures et demie.
Dix à douze morceaux suffisent pour
remplir ce tems et pour satisfaire
les amateurs.

6.° Enfin il faut avoir soin de ne
pas interrompre le musicien ou le
chanteur pendant son exécution :
pour cela, le maître de la maison ne
doit laisser entrer personne dans le
salon avant la fin des morceaux ; le
bruit, le dérangement détournent
l'attention, et nuisent à l'effet de la
musique.

Ces règles sont fort simples ; on
pourra même les trouver minu-

tieuses ; mais elles n'en sont pas moins nécessaires ; et je les devais à l'amour de l'art, et aux progrès dont il est susceptible.

———————

CHAPITRE XII.

Du choix et des qualités d'un bon maître.

C'est en suivant les précéptes qu'on vient de lire, que tant de virtuoses italiens se sont rendus célèbres dans la musique vocale. Que les maîtres les prennent donc en considération particulière ; ce n'est qu'en les observant qu'ils peuvent faire d'habiles élèves.

Une des choses à laquelle on doit aussi faire le plus d'attention, est le choix du maître de musique. Les règles que nous avons démontrées peuvent s'apprendre en tout tems, que l'on sache ou non les premiers principes de musique ; mais c'est une erreur de croire que tout maître est bon pour les enseigner. Il est généralement reconnu que lorsqu'un

G

élève passe enfin dans les mains d'un maître habile, il faut le remettre ordinairement à la gamme, et souvent ce qu'il a déjà appris nuit à son instruction, par les défauts qu'il a contractés, et qu'il est quelquefois difficile de lui faire perdre : toutefois, quel que soit le maître que vous ayez choisi, vous devez avoir en lui une confiance pleine et entière, sans quoi il vaudrait mieux n'en avoir jamais pris ; car la confiance amène l'attention à ses leçons et le désir de suivre ses préceptes ; et sans ces deux qualités, quel moyen aurez-vous jamais de réussir ? Mais puisque j'en suis sur ce sujet, il ne sera pas hors de propos de donner un aperçu des qualités que doit posséder un bon maître de musique, et de la manière dont il doit s'y prendre en général pour former ses élèves.

La douceur doit être sa vertu principale ; un maître impatient et qui

montre de l'aigreur à ses disciples,
nuit plus à leurs progrès que ses
connaissances ne peuvent les avan-
cer. Il doit réunir à un raisonnement
juste et précis, l'exemple de l'exécution, selon ses moyens; car en général
un maitre ne peut pas avoir une exécution éclatante, sur - tout pour le
chant.

En effet, il est obligé pour bien
démontrer la musique vocale, de
chanter dans tous les diapazons des
différentes voix, ce qui l'empêche
nécessairement d'en perfectionner
aucune, et s'oppose même aux progrès qu'il pourrait faire à cet égard.

Il n'en est pas de même d'un chanteur; et je saisis cette occasion pour
relever l'usage ridicule qui règne dans
quelques concerts , sur - tout hors
d'Italie, d'entendre un homme chanter le rôle d'une femme, ou une
femme chanter le rôle d'un homme.
Le premier inconvénient de cette

manie est de déplaire aux auditeurs ;
mais un autre plus réel est d'altérer
le timbre de la voix de ceux qui se le
permettent, et de les en priver tota-
lement à la longue. Cette subversion
est contraire aux lois de l'harmonie ;
et l'organe de l'ouïe doit en être aussi
désagréablement affecté, que l'est,
celui de la vue par le déguisement
d'un homme habillé en femme ou
d'une femme revêtue du costume
étranger à son sexe.

Il ne faut pas qu'un maître de musique regarde son art comme une
chose nécessaire, et qu'il le représente tel, sur-tout aux yeux de ses
jeunes élèves; c'est le moyen de les
en détourner. En leur faisant envi-
sager la musique comme un art d'a-
grément, rempli de charmes et d'une
jouissance délicieuse, il leur en ins-
pirera le goût et leur fera naître l'en-
vie de s'y distinguer, parce qu'ils ne
le regarderont pas comme une obli-

gation. Dans les choses forcées on fait ce qui est nécessaire, et l'on ne va pas au-delà : on ne croit jamais aller trop loin dans celles qui dépendent de notre volonté.

La mesure, l'a plomb, et l'intonation sont les bases de la musique : ce n'est qu'en solfiant beaucoup qu'on acquiert ces trois qualités essentielles. Voilà ce qu'un bon maître doit répéter sans cesse à ses élèves, en exigeant d'eux qu'ils chantent tous les jours les trois gammes, sur-tout dans les momens qui précèdent son arrivée.

La moitié de la leçon se passera ensuite à solfier et à vocaliser, et le reste du tems à chanter des paroles : c'est le moyen d'éviter l'ennui en réunissant l'utile à l'agréable, et en faisant servir celui-ci de récompense et d'encouragement au premier.

Je donnerai le même avis aux maîtres, dont les élèves sont destinés à toucher ou à jouer de quelque instrument : le meilleur moyen est de commencer par apprendre la musique et par solfier long-tems, sans cela on détonne toujours, et l'on ne parvient jamais à jouer en mesure.

Un élève, chantant avec son maître, ne doit jamais se reprendre ou s'arrêter de son propre mouvement ; c'est à ce dernier à l'avertir de suspendre ou de recommencer lorsqu'il le jugera nécessaire. Si l'écolier chante un morceau qu'il a déjà étudié, et qu'il sait d'avance, le maître doitexiger quelquefois de lui qu'il le chante depuis le commencement jusqu'à la fin, sans s'arrêter : c'est le moyen de l'habituer à se reprendre adroitementlorsqu'ilsetrompe:il faut avoirun certain talent et de l'habitude, pour se retrouver sans que l'auditeur puisse s'en apercevoir. Il est bon par conséquent de ne pas quitter les morceaux de musique vocale sans les savoir parfaitement : il n'en est pas de

même des solféges ; il faut au contraire en changer souvent, afin de
s'habituer à lire la musique avec plus
de facilité. Il est aussi nécessaire de
lire plusieurs fois les ouvrages élémentaires composés sur son art, afin
d'en retenir au moins la substance,
et d'en graver dans sa mémoire les
règles fondamentales.

Un maître attentif, doit aussi em-
pêcher ses élèves de battre la mesure
avec le pied. Plusieurs raisons physi-
ques empêchent le pied de battre
exactement la mesure ; la principale
est que le repos et l'aplomb du corps
sont nécessaires pour l'exécution de
la musique ; le mouvement du pied
ne peut que leur être contraire.

La main la fait mieux sentir à
l'oreille, et par ce moyen elle se grave
plus aisément dans la tête ; c'est alors
qu'on peut cesser de la battre, mais
il faut bien se garder de la marquer
avec la voix, ou par le mouvement

de la tête et du corps. La mesure à
quatre tems, est celle dont on doit se
servir habituellement dans les commencemens ; c'est le seul moyen
d'habituer l'oreille à sentir son entière justesse ; mais dans les mouvemens vifs et accélérés où elle est marquée à quatre tems, on la bat ordinairement à deux tems pour éviter
le mouvement rapide du bras, qui
dérangerait l'attitude du corps et ferait vaciller la voix. Le maître doit
bien prendre garde de ne pas laisser
heurter chaque tems en chantant, et il
doit instruire son élève à soutenir la
voix, sur-tout sur les notes qui ont le
plus de valeur, qui sont les rondes,
les blanches et les noires, de manière
à augmenter ou à diminuer le ton par
gradation, et non pas par saccade.
Les personnes qui ont contracté la
mauvaise habitude de battre, pour
ainsi dire, la mesure avec la voix,
ne chantent plus qu'en chevrottant.

Pour obvier à ce défaut, on doit battre la mesure régulièrement et sans secousses, afin d'éviter, dans la poitrine, le contre-coup qui occasionne les vacillations de la voix.

Voilà quelles doivent être les principales attentions d'un bon maître, que nous supposons instruit des dix règles nécessaires à observer pour bien chanter, et qu'il doit avoir soin de rappeler à son élève toutes les fois qu'il s'en écarte.

Mais les maîtres eux-mêmes ont besoin d'augmenter tous les jours leurs lumières ; ce n'est que lorsque l'on a dépassé le point du demi talent, qu'on s'aperçoit de ce qui reste à acquérir pour mériter une juste célébrité. C'est alors que l'on sent sa médiocrité ; et le besoin de s'aider des connaissances des autres, en renonçant à cet amour-propre qui nous aveugle sur nos propres défauts, et en suivant l'exemple de Molière, ce père de la comédie, qui ne dédaignait pas l'avis de sa servante, même sur ses chefs-d'œuvre.

Les plus fameux virtuoses de l'Italie s'exercent tous les jours avec leurs maîtres, autant pour profiter de leurs conseils, que pour ne pas oublier ce qu'ils savent. Cette soumission exemplaire, n'est pas suivie de la plupart de ceux qui sont loin d'avoir leurs talens; en France, surtout, elle est entièrement dédaignée: les acteurs et les actrices, dès la première fois qu'ils ont chanté sur le théâtre, éblouis des applaudissemens du public, qui ne sont ordinairement que des marques d'encouragement, quittent leur maître de chant, ou pour mieux dire, le maître qui leur a appris la musique, et se croient dès-lors au-dessus des leçons. Mais par quel aveuglement ne se sont-ils pas encore aperçus que leurs succès ne sont pas de longue durée, quand ils ne font pas sans cesse de nouveaux efforts pour se perfectionner dans le chant, et que le public, fatigué enfin de les retrouver toujours au même point, finit par les abandonner et les fuir.

Le but d'un maître doit être toujours de rendre son élève assez fort pour qu'il puisse continuer l'étude de son art, après qu'il aura cessé de l'instruire. Il faut qu'il le mette en état de devenir un jour son propre maître ; et pour cela il doit lui apprendre à étudier la musique de lui-même, et sans secours étranger.

La manière la plus simple, est de l'accoutumer d'abord à toucher quelques notes du chant sur son *forte-piano*, de la main gauche, pour se faciliter l'intonation, tandis qu'il battra la mesure de la droite, lui rappelant sans cesse que le seul moyen de parvenir à lire facilement la musique est de solfier beaucoup.

Mais pour le chant, comme pour
toute autre chose, il vaut mieux étudier peu et souvent, avec attention,
que de chanter du matin au soir sans
songer à ce qu'on fait.

Quand on étudiera un morceau de
chant, on fera bien de le chanter d'a-
bord à demi voix pour ne pas fatiguer
la poitrine ; mais dès que l'on croira
le savoir, alors on pourra l'exécuter
à pleine voix.

Une dernière observation à faire
sur ce qui regarde les maîtres, est
là qu'il arrive que, les hommes ap-
prenant à chanter aux femmes,
les femmes contractent quelquefois
l'habitude de chanter comme les
hommes, ou , ce qui est bien pis encore, les hommes finissent par chanter comme les femmes.

Un maître habile doit faire la
plus grande attention à ce défaut ,
et conserver soigneusement à ses
élèves les nuances de leur sexe. La

nature a donné aux femmes la douceur et la flexibilité en partage ; ces
prérogatives séduisantes se dévelop-
pent agréablement en elles dans leur
chant, quand on sait aider la nature, au lieu de la contrarier : il y a
d'ailleurs assez de moyens de tirer
parti de ces heureuses dispositions,
et l'on ne voit pas une ame sensible
rester indifférente aux accens mélodieux de la femme qui sait prendre
le ton convenable à son sexe.

L'homme peut former aussi des
sons tendres et voluptueux, mais
son chant doit en général garder un
caractère mâle et énergique, absolument éloigné du ton languissant et
maniéré, et même de cette douceur
molle et séduisante qui ne peut convenir qu'à un sexe dont la faiblesse a
besoin d'etre protégée par les charmes
attachés à sa propre nature.

CHAPITRE XIII.

Des traductions musicales.

La musique appartient à toutes les langues; mais l'application de ses signes à tel ou tel idiome est indépendante de leur valeur, et tient à des localités qui n'ont rien de commun avec l'art en lui-même. Il est donc toujours possible de transporter dans une autre langue la musique vocale d'un pays quelconque. Les difficultés n'existent que dans la traduction des paroles, et elles ne sont pas invincibles; mais ceux qui se sont occupés de ces sortes de parodies, l'on fait avec si peu de goût d'un côté, et de l'autre avec une connaissance si faible de l'harmonie musicale et du rhythme, que ces essais n'ont pu avoir aucun succès, et que les bons esprits ont été détournés d'un travail ingrat, et dont ils devaient tirer si peu d'avantages.

On doit sentir néanmoins combien il serait utile d'avoir au moins une méthode qui pût nous mettre à portée de faire passer , dans la langue française, les chefs-d'œuvre des grands maîtres étrangers, et multiplier nos jouissances en facilitant nos progrès dans un art qui, comme tous ceux de ce genre, est essentiellement un art de comparaison. C'est de ce travail dont je me suis occupé en faveur de ceux qui n'entendent point l'italien, et dans lequel, aidé par un des hommes de lettres qui a bien voulu me seconder, je suis parvenu dans la rédaction de cet ouvrage, à traduire aisément, et suivant les lois de la prosodie, toutes les paroles que l'on voudra remplacer par celles d'une autre langue.

Nous avons trouvé à cet égard une méthode , pour ainsi dire , mécanique, et que nous pourrions donner un jour comme un secret, si l'objet en était d'une plus haute importance. Mais le préjugé qu'a fait naître l'incapacité de nos prédécesseurs en ce genre, ayant dégoûté les amateurs de toute espèce de parodie musicale, j'ai renoncé moi-même à une entreprise qui ne pouvait plus avoir d'utilité : je n'en parle ici que pour faire voir que tout art est susceptible de perfection, lorsqu'on le ramène à ses principes, et que les objets qui paraissent les moins propres à fixer l'attention des écrivains qui cherchent à se rendre utiles, prennent souvent un caractère plus important qu'il ne l'avait paru d'abord, lorsqu'on les dirige vers la perfection de l'art auquel ils se rapportent.

Pour donner une idée d'une partie de notre méthode, j'observerai que la mesure est composée de tems forts et de tems faibles. Le tems fort est toujours

toujours le premier de la mesure, et le tems faible le second : si la mesure est à quatre tems, le troisième est tems fort, et le quatrième est faible, etc. Il ne faut avoir qu'une connaissance très-superficielle de la musique pour être instruit de ce principe : si donc en traduisant vous faites correspondre aux tems forts les syllabes brèves et muettes, et les syllabes longues ou accentuées, aux tems faibles, vous détruisez toute espèce de prosodie, et vous perdez l'esprit de la phrase musicale.

On peut voir des exemples de ces deux espèces de fautes, dans les fig. 7, où l'on voit, par la seule position des syllabes soulignées, qu'elles sont en contre-sens avec les notes qu'elles expriment. En général il faut moins s'attacher au sens des paroles que l'on traduit, qu'à celui de la musique, qui est l'objet principal de la traduction. C'est pour n'avoir pas

H

suivi ces principes, que la plupart
des auteurs dans ce genre n'ont rien
fait de bon.

Nous avons joint (*fig.* 8) un exemple de notre méthode, qui pourra
donner une idée des règles à suivre
dans cette espèce de travail ; le nôtre
est purement mécanique ; nous lais-
sons au mérite littéraire à le perfectionner sous le rapport de la versifi-
cation et de la poésie. Nous n'avons
cherché qu'à éviter les fautes de prosodie, et l'incohérence de style qu'on
rencontre à chaque instant dans les
parodies que nous ont laissées ceux
qui se sont occupés de cet objet.

OBSERVATIONS

Sur les premiers principes de la musique, concernant un nouveau solfége (1).

ON se plaint, avec raison, de ne trouver dans aucun pays, de bons livres élémentaires, et les arts attendent avec impatience le tableau fidelle et concis des règles dont ils se composent. La musique, sur-tout, paraît abandonnée à des principes incer-

(1) Ces observations et le discours qui les suit, ont été, comme on le verra, composées bien avant l'ouvrage que je donne aujourd'hui au public ; elles se trouvent en tête de deux méthodes musicales, l'une pour les premiers principes, et l'autre pour l'accompagnement et l'harmonie : on y reconnoîtra les idées premières de la théorie, où il s'en trouve un grand nombre d'autres que je dois à mon expérience et aux gens de lettres que j'ai consultés à cet égard.

tains, et cette mère de l'harmonie n'a pas encore réussi à mettre ses favoris d'accord.

Si vingt ans d'expérience et une étude constante de l'art que je professe, peuvent donner quelque poids aux idées que je me propose de développer dans cet ouvrage, j'espère que le public accueillera favorablement les principes fixes sur lesquels je vais l'appuyer.

J'ai cru devoir mettre en opposition la méthode que je présente, avec celles qui ont paru jusqu'ici, pour en faire sentir à mes lecteurs l'utilité, la nécessité même, par un contraste facile à saisir.

J'ai cherché d'abord à éviter cette stérile abondance, qui, sans ajouter au sens, augmente le volume et fatigue l'attention, et j'ai resserré mes idées dans ce riche laconisme, qui fait le mérite d'un livre élémentaire. Ma méthode, composée seulement de

7 pages, renferme, sans exception, tous les principes de la musique.

« Les méthodes précédentes sont
» très-volumineuses, et joignent à
» l'inconvénient de rebuter les élèves,
» celui de délayer les règles dans une
» foule de détails qui en font perdre
» l'ensemble. Trois cénts pages de
» principes ne sont-elles pas capable
» d'effrayer la mémoire la plus
» sûre ? »

Pour ne pas fatiguer la poitrine, et ne pas casser la voix, sur-tout des jeunes élèves, j'ai borné mes solféges à l'avant-dernier *mi* du clavier. Par ce nouveau moyen, les hommes dont la voix est formée, soit *basse-taille* ou *haute-contre*, soit *taille* ou *concordant*, apprenent facilement la musique ; ainsi que les femmes, quelque voix que la nature leur ait donnée, *contralto*, *mezzo-soprano*, ou *soprano*. Voyez l'explication de ces termes chap. VII, page 51.

« Aucun solfége connu ne pré-
» sente cette utile précaution. On n'y
» trouve même pas ces observations
» importantes sur les sept sortes de
» voix que la nature a inégalement
» réparties entre les deux sexes.
» Aussi a-t-on lieu, sur-tout en
» France, de se repentir de les avoir
» négligées. Il y règne pour les sons
» aigus une passion si universelle,
» qu'à moins de pouvoir les attein-
» dre, on est regardé comme incapa-
» ble de chanter avec succès; tandis
» qu'en Italie les voix basses sont
» estimées, comme les plus natu-
» relles ».

Le moyen le plus sûr, pour habituer les élèves à la mesure et à l'a-
plomb de la musique, est de commencer par leur faire battre la mesure
à quatre temps : c'est l'usage adopté
en Italie.

« On commence en France par la
» mesure à deux temps, et l'oreille

» qui reçoit d'abord cette impression
» équivoque, ne s'habitue que diffi-
» cilement à l'exacte précision qu'e-
» xige la musique ».

Outre les premiers principes, j'ai
composé plusieurs solféges dans la
gradation des vingt-quatre tons de la
musique. L'uniformité et une typo-
graphie soignée seront d'un grand
secours, tant pour les élèves que pour
les maîtres : car lorsqu'on parle clairement aux yeux, on aide l'imagination.

« Aucune méthode ne réunit ces
» précieux avantages». La basse chif-
frée, inséparable de chaque leçon, sera
fort utile aux élèves et aux personnes
qui apprendront l'accompagnement ;
j'ai chiffré plusieurs de ces solféges,
selon la manière italienne. J'ai jugé
à propos de noter, à la tête de chaque
solfége, les accords que chaque note
de la gamme exige, et je conseille à
tous ceux qui apprennent la musique,

de tâtonner ces accords sur le clavier,
sans même les résonner : cet exercice
formera leurs oreilles à l'harmonie,
et à la pratique de l'accompagnement.

« Dans les anciennes méthodes,
» les basses sont chiffrées, il est vrai,
» mais seulement selon la manière
» française. La gamme n'est pas
» notée à la tête des solféges ».

Après les vingt-quatre solféges,
j'en ai noté plusieurs dans toute l'é-
tendue des voix de *soprano* et de *tenore*, afin d'exercer les personnes
douées de ces voix. J'ai aussi noté
quelques duos pour former l'oreille à
l'intonation et à l'harmonie.

Les personnes jalouses de bien
chanter, doivent examiner scrupu-
leusement quelle espèce de voix leur a
donné la nature, et ne pas usurper
celles qu'elle leur a refusées : c'est
une loi fondamentale que tout le
monde observe en Italie, et à laquelle
les maîtres français ne sauraient donner trop d'attention.

Pour donner à mon travail un degré
de perfection inconnu jusqu'ici, j'ai
mis à la fin de ce solfége plusieurs
exercices propres à rendre et conserver la voix juste, sonore et flexible.
Cet ouvrage peut convenir à ceux
même qui ont acquis de la réputation
dans l'art de chanter : Craindraient-
ils de suivre l'exemple des plus fameux virtuoses d'Italie, qui s'exercent chaque jour à filer des sons et à
solfier, comme les célèbres danseurs
répètent sans cesse les premiers principes de la danse ? Je dois encore re-
commander aux maîtres et aux élèves
de donner toujours le son d'après
nature, c'est-à-dire, d'entonner chaque note à sa place : cette observation appartient à un ouvrage que je
médite, et où je développerai les dix
à douze règles qu'il faudrait connaître pour bien chanter.

Il ne me reste plus qu'une observation à faire, et je la crois d'autant

plus essentielle, que peu de personnes en connaissent l'objet ; je veux
parler du rhythme : le rhythme est
le balancier de la musique et de la
poésie ; sans rhythme la musique
n'est que du plain-chant ou du récitatif ; sans rhythme la poésie n'est
que de la prose rimée.

La France n'aura jamais une
bonne musique, tant que ses poëtes
s'obstineront à faire des vers lyriques
sans rhythme. Métastase et beaucoup
d'autres poëtes étrangers sont des modèles à suivre en ce genre; mais on re-
doute les difficultés, et l'art fatigué
par une marche inégale, ne peut arriver à la perfection.

L'observation du rhythme étant
donc inséparable de la bonne musique, j'ai composé mes solféges par
phrases rhythmiques et je les ai mar-
quées d'une étoile *, afin d'y habituer les yeux et l'oreille.

DISCOURS PRÉLIMINAIRE

En tête d'une méthode pour ap-
prendre l'harmonie et la pra-
tique de l'accompagnement.

CE n'est pas sans raison que la plupart des personnes qui, jusqu'à présent, ont entrepris l'étude de l'harmonie et la pratique de l'accompa-
ment, se sont plaint de la difficulté et
du découragement qu'elles ont éprouvé dans cette étude : mon premier
soin sera donc de leur en démontrer
la cause. Mais, comme il s'agit de
détruire un vice trop long-tems enra-
ciné dans la matière que je vais trai-
ter, je dois auparavant avouer que je
n'aurais pas entrepris un travail si
pénible, si je n'eusse pas trouvé dans
les ouvrages de Rousseau et de d'A-
lembert, des maximes faites pour me
mettre à l'abri de toute critique.

Rousseau dit, en parlant de l'accompagnement, « Quelles sont donc
» les causes qui retardent ainsi l'a-
» vancement des élèves, et embar-
» rassent si long-tems les maîtres, si
» la difficulté de l'art ne fait point
» cela ? Il y en a deux principales ;
» l'une dans la manière de chiffrer
» les basses, l'autre dans la méthode
» de l'accompagnement ».

D'après les observations que j'ai
faites moi-même, soit en Italie, soit
en France, je suis aussi convaincu
que la difficulté d'acquérir parfaitement et en peu de tems la connaissance de l'harmonie et la pratique de l'accompagnement, naît du
vice des méthodes imaginées et employées jusqu'ici pour en faciliter
l'étude.

En effet, on peut réduire ces méthodes à deux espèces ; les unes, mises
au jour sous une forme volumineuse,
ne présentent que des raisonnemens

obscurs, un style diffus, quelques
règles entassées sans ordre, et une
omission affectée, des exceptions dont
la connaissance est inséparable de
celle des règles ; les autres consistent
en quelques élémens trop abrégés, et
par conséquent insuffisans.

Mon objet est donc d'éloigner
toutes les idées abstraites qui peuvent
dégoûter un commençant, et de ne
rien épargner pour être intelligible ;
mérite principal d'un livre élémentaire.

La découverte de la basse fondamentale, attribuée à Rameau, a
quelque chose d'ingénieux, mais elle
ne suffit pas pour rendre raison de
tous les accords usités en bonne
harmonie. D'Alembert a senti aussi
cette vérité, et voici comme il s'ex-
plique dans ses élémens de musique,
page 220.

« Que prouvent, monsieur, ces
» variations, de votre part, dans la

» manière d'expliquer le fait dont il
» s'agit, et quelques autres, sinon
» que le principe de la basse fonda-
» mentale ne vous a pas toujours
» paru également lumineux à vous-
» même, dans les différentes applica-
» tions que vous en avez faites : soyez
» de bonne-foi là-dessus, ou permet-
» tez que d'autres le soient.

   » Il est vrai que pour lever la diffi-
» culté sur l'accord de sixte super-
» flue, vous dites que cet accord n'en
» est pas un : Qu'est-il donc ? et pou-
» vez-vous croire que personne se
» paie de cette défaite. . . . . ou con-
» venez plutôt que la basse fonda-
» mentale ne satisfait pas à tout,
» puisque, selon vous-même, cet
» accord n'a pas de basse fondamen-
» tale ».

Les principes de *Durante* et de
Leo, ont formé les célèbres compositeurs que l'on admire par-tout ; mais
la gravure étant peu en usage en

Italie, ils se trouvent presque tous épars dans plusieurs manuscrits incomplets, et souvent dans les mains de personnes qui n'en sentent pas le prix.

Mon plan, comme on le voit, est de rapprocher l'école italienne de l'école française, dans ce qu'elles ont de commun, et de les comparer l'une à l'autre sur tous les points où elles diffèrent ; je donnerai donc quelquefois leurs principes séparément, laissant au lecteur la liberté d'opter.

Comme dans les détails de cet ouvrage, je me trouve souvent en contradiction avec les auteurs qui ont écrit sur la même matière, j'ai jugé à propos de prendre pour mes garans les partitions connues de Piccini et de Sacchini, qui, à juste titre, sont admirées dans tous les pays, et celles de Gluk, auxquelles je renvoie mon lecteur à chaque pas, soit pour donner à mes principes l'appui de leur

autorité, soit afin qu'il juge par lui-
même des effets qui en résultent.

Rameau prétendait avoir trouvé
dans la nature le vrai fondement de
toutes les lois de l'harmonie ; mais sur
cela il suffit de rappeler les contesta-
tions de Rousseau et de d'Alembert
sur la basse fondamentale ; ce dernier
a dit : « La considération des propor-
» tions géométriques, arithmétiques
» et harmoniques, est illusoire dans
» la théorie de l'art musical ».

L'école italienne a toujours em-
ployé d'autres principes dans ses dé-
monstrations ; et voilà, selon moi, la
meilleure raison que l'on puisse donner aux personnes curieuses de savoir
pourquoi l'Italie a toujours abondé
en compositeurs célèbres, préférable-
ment à tant d'autres pays.

La nature, il est vrai, nous donne
l'accord parfait, mais elle se borne à
cela ; il vaut donc mieux convenir
que tout le reste est dû à l'expérience
et

et aux conventions des artistes éclairés, qui ont fixé les règles sur les
développemens de l'harmonie (1) ; par
conséquent, la raison que l'on pourrait encore donner de la règle, par
le moyen du système de Rameau, serait même, selon Rousseau (2) et
d'Alembert, très-souvent absurde et
contraire aux principes de *Durante*:
pour lors, le plus sage parti qu'un
élève pourrait prendre, serait celui

---

(1) D'Alembert, n.º XXI. « En exhortant les
artistes à faire de nouveaux efforts pour *perfectionner* la théorie de la musique, nous devons
les avertir en même tems de ne se point méprendre sur ce qui doit être le vrai but de leurs
recherches. *L'expérience* seule en doit être la
base ; c'est uniquement en observant des faits,
qu'ils pourront parvenir au but si désiré d'établir sur la musique une théorie *exacte*, complète et lumineuse ».

(2) Rousseau, *Dictionnaire de musique*,
n.º XIII. « Quoique ce système imparfait et défectueux à tant d'égards, ne soit point, selon
moi, celui de la nature et de la vérité, et qu'il
en résulte un remplissage sourd et confus, plutôt qu'une bonne harmonie ».

I

de se familiariser avec les seules règles, qui depuis un siècle sont généralement suivies en Italie, et qu'il
trouvera tracées dans cet ouvrage :
qu'importe qu'un pilote connaisse la
vraie cause originaire des vents; il
est bien plus nécessaire qu'il sache
les gouverner et tirer avantage de
leurs contrariétés.

Une autre observation est, que pour
démontrer, il faut que la personne
à qui l'on démontre connaisse parfaitement la valeur des termes; or
cela est impossible en musique dans
les commencemens, parce que, sans
la pratique, les termes ne présentent
rien à l'imagination.

C'est quand on sera familiarisé
avec tous les accords et toutes les
combinaisons des sons, et qu'on sera
parvenu à goûter la pureté de l'harmonie italienne, que l'on pourra raisonner sur les principes de la musique.

FIN.

Nota. Au moment où l'on imprime cet ouvrage, nous apprenons que le Conservatoire de
musique de Paris, convaincu de la nécessité
d'établir sur l'art du chant une méthode générale, et aussi parfaite qu'il est possible, avait
chargé plusieurs de ses membres de s'occuper
de cet objet. L'ouvrage que nous présentons
au public, et qui est médité depuis long-tems,
mériterait peut-être de fixer à cet égard la
sollicitude du Conservatoire, d'autant plus,
qu'éloigné sans doute de cette maxime d'un
ancien corps, *point de lumières hors nous,*
il ne regardera pas comme une prévention défavorable pour l'Auteur, la privation d'être
compté parmi ses membres.

TABLE

DES MATIÈRES.

K

Fin de la Table des matières.

Bonne maniere de porter la voix
Mauvaise maniere
Figᵉ 1
A - - - mant
A - - mant -
bon
mauvais
Figᵉ 1
A - - - mant
A - - mant -
Figᵉ 1
sons purs
Sen - za te bell I - dol mi - o
Tout re - po - se tout est cal - me
port de voix bon.
Sen - za te bell I - dol mi - o
port de voix mauvais.
Tout re - - po - se tout est cal - me
di - do - - lo - re mo - ri - - ro
sur la ter - - re et dans les airs
di - do - - lo - re mo - ri - - ró
sur la ter - re dans les airs
Appoggiatura avec trois sons, maniere fade.
Appoᵃ avec deux sons, maniere bonne.
Inflexion des Itali[e]
au lieu de l'appo[g]
Figᵉ 2
Vo - - la - ge
vo - la - ge
in - - gra - to
effet
effet
effet
Vo - - la - ge
vo - la - ge
Figᵉ 3
in - - gra - to

3

(Appog^a sur un mot non achevé

(Syllabe d'un mot achevé.

(Appog^a par dessus.

(Appog^a par dessous.

fig 5

Fig 4

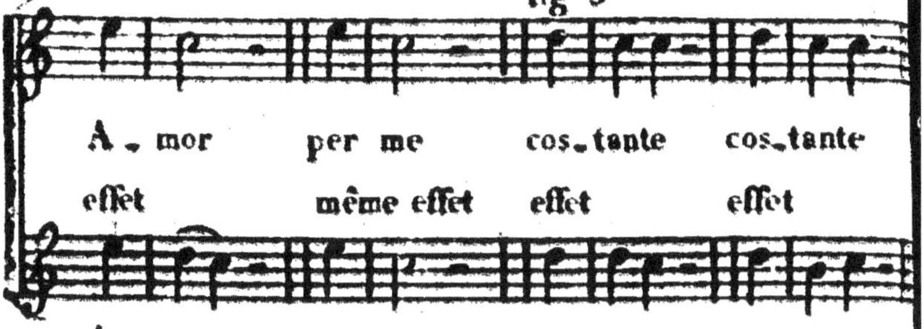

A _ mor per me cos _ tante cos _ tante

effet même effet effet effet

A _ mor per me cos _ tante cos _ tante

Fautes de prosodie, derivées de la poësie sans rithme

Fig 6

2 coup. Quand à la fe _ nê _ tre dis _ cre _ te

3 coup. Un jour sa romance é _ tait ten _ dre

je res _ te _ rais là quand il chan _ te

de _ puis ce tems là je la chan _ te

Parodie

Fig 7

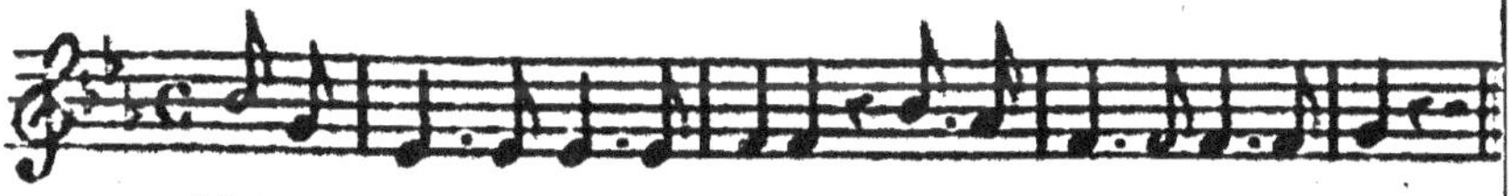

Nel si _ lenzio i mesti passi sospi _ rando volge _ ro

Dans quelque foret obs _ cure je por _ te mes pas er _ rans

Syllabe breve et muette sur un temps fort

suite

La gri _ man _ do nar re _ ró

j'i _ rais pleu _ rer mes tour _ mens

Syllabe longue sur un temps faible

Fragment d'une parodie sans faute

Fig 8

Che tor_mento oh dio che pe na
O tour_ment o peine ex_trê_me

il mio ben mi fa pro_ _var che to
l'é_pou_vante est dans mon cœur si je

_mento oh dio che pe_na il mio ben
perds l'ob_jet que j'ai_me je per_drai t

fa pro_ _var il mio ben mi fa pre
mon bon_ _heur je per_drai tout mon bon

_var me infe_li_ce solo a mo_r
_heur ah! je trem_ble je fris_ _son n

me infe_li_ce solo a mo_re pal_
mon cou_ra_ge m'a_ban_don_ne mon

_tar pal_pi_ _tar fa ques_ _to cor
_mour mon a_mour fait mon mal_heur

che tor mento oh dio che pe_na il m
o tour_ment o peine ex_trê me l'é_p

ben mi fa pro _ _ var che tor mento oh
vante est dans mon cœur si je perds l'ob_

dio che pe_na il mio ben mi fa pro _
_jet que j'ai_me je per_ _drai tout mon bon_

_ var il mio ben mi fa pro _ var no ques_
_heur je per_drai tout mon bon_heur rien n'é_

_ta ni_ma non spe_ri pa_ven _ tar l'av_ver_sa
_ton_ne mon cou_ra _ge je sau_rai bra_ver l'o_

sor_ te chi nel petto ha un cor da for_ te non ac_
_ra_ge loin de crain_dre le nau _ fra_ge je l'af_

_coglie un vil ti _ mor non ac _coglie un vil ti_
_fron_te sans trem_bler je l'af_ _ fron_ te sans trem_

_ mor non ac_coglie un vil ti _ mor un vil ti_
bler je l'af fron_te sans trem_bler sans trem_

_ mor un vil ti _ _mor
_bler sans trem _ _bler

ERRATA.

Page 77, ligne 23, ne feront point d'honneur:
lisez ne feront honneur.

89, ligne 11, perfection musicale de toutes : *lisez* perfection musicale ; de toutes.

90, ligne 10, des personnages, par une suite : *lisez* des personnages qu'il représente par une suite.

108, lig. 12 et 13, est la qu'il arrive : *effacez* la.

111, lig. 17 et 18, me seconder, je suis parvenu dans la rédaction de cet ouvrage : *lisez* me seconder dans la rédaction de cet ouvrage, je suis parvenu.

www.ingramcontent.com/pod-product-compliance
Lightning Source LLC
Chambersburg PA
CBHW072114090426
42739CB00012B/2964